草根逆袭记

学霸父母写给孩子的七条修炼法则

江　恒　徐燕妮◎著

红旗出版社

红旗出版社
RED FLAG PRESS

推动进步的力量

图书在版编目（CIP）数据

草根逆袭记：学霸父母写给孩子的七条修炼法则 /
江恒，徐燕妮著 . —北京：红旗出版社，2018. 2
ISBN 978 - 7 - 5051 - 3487 - 4

Ⅰ.①草… Ⅱ.①江… ②徐… Ⅲ.①青少年教育—
家庭教育 Ⅳ.① G782

中国版本图书馆 CIP 数据核字（2018）第 036823 号

书 名	草根逆袭记——学霸父母写给孩子的七条修炼法则
著 者	江 恒 徐燕妮
责任编辑	刘险涛 周艳玲
装帧设计	人文在线
出版发行	红旗出版社
地 址	北京市沙滩北街 2 号
邮政编码	100727
经 销	全国新华书店
发 行 部	010 - 57270296
印 刷	北京市金星印务有限公司

开 本	160mm × 230mm	印 张	13
字 数	165 千字		
版 次	2018 年 5 月北京第 1 版	印 次	2018 年 5 月北京第 1 次印刷
书 号	ISBN 978 - 7 - 5051 - 3487 - 4	定 价	39.80 元

欢迎品牌畅销图书项目合作联系电话：010 - 84026619

仅以此书献给每一位渴望成功的"草根"。

自录 contents

寒门再难出贵子吗？/001

第一章　踏过草根槛

状元教你如何学习最轻松/001

第一节　为什么我要好好读书/003

第二节　做时间的规划师：广告式学习/012

第三节　考试得高分，方法而已/017

第四节　学习无捷径，唯苦而已/023

第二章　修得人生技

为自己营造阳光气场/031

第一节　何为微环境/033

第二节　细嗅蔷薇，洞彻人情/039

第三节　一技傍身不愁吃穿/044

第四节　养成温和的脾气/050

第三章 百折绕指柔

化矛盾为成功的助力/*055*

第一节 学会主动道歉，是最高级的修养/*057*

第二节 尝试总比什么都不做好/*063*

第三节 避免一句话引发的"血案"/*069*

第四章 好风凭借力

是金子总会发光，但埋藏久了就成矿产了/*075*

第一节 做一个可以把自己的缺陷当作
笑料的人/*077*

第二节 做一个把身边资源整合到极致的人/*083*

第三节 做一匹中用更中看的千里马/*089*

第五章 品行重孝义

生而为人，孝义当先/*103*

第一节 从现在开始，对你的父母好一点/*105*

第二节 善待你身边的每一个人/*129*

第三节 拥有一颗感恩的心/*135*

第四节 钱不在多，够用就好/*142*

第六章 飞马跃龙门

如果成不了千里马，那就做伯乐/**149**

第一节 千里马遇不到伯乐，该怎么办/**151**

第二节 如果成不了千里马，那就做伯乐/**157**

第七章 我为谁而活

不要轻易透支健康，不让你的人生过早折旧/**165**

第一节 活着就是王道/**167**

第二节 活出生命的意义/**174**

附注 健康过好每一天/**189**

目 录

寒门再难出贵子吗？

古语有云："寒门出贵子"，意思是说出身贫寒的人通过超常努力往往能取得超人成就，"穷人的孩子早当家"说的也是这个道理。

但是现实之中为什么越来越多的寒门子弟在大学毕业之后往往庸碌一生，即使是当初耀眼的"高考状元"们也大都碌碌无为。枉论说"贵"，更有甚者越来越"贫"，以至于无法拥有"高贵体面"的生活呢？

大部分出身贫寒的孩子，都想通过努力读书而考上大学，从而改变自己乃至家庭的命运。但现实往往却是，寒门子弟通过努力确实考上了大学，为了供孩子读书，家庭负债累累，而贫寒的学子在大学毕业之后，大都在一些小公司里苦苦挣扎，过着朝九晚五的生活，反而让家庭陷入越发贫困的境地。

从小的方面来讲，这是一个困扰无数贫困家庭的悖论；从大的层面来说，这也是国家相当头疼的一件大事——贫富差距不能迅速解决。

这就是现如今社会上议论纷纷的寒门再难出贵子的怪现象。

我分析了一下，为什么在古代寒门容易出贵子，而如今越来越困难呢？

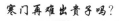

究其原因，客观上来说，很大程度是因为古代人数较少，能有条件读书的寒门子弟更少，所以成功的几率较高，影响力较大。而现如今大部分高校扩招，仅 2017 年我国高校毕业生就达到了795 万，加上为数众多的"海归""海待"及以往未找到工作的往届毕业生，人数高达 1000 余万，而读书从古至今一直是寒门子弟改变命运最有效也最无奈的唯一选择，随着分母（读书人）的不断增大，想通过读书来走出寒门的成功几率也就越来越低了。

无论承认与否，现实社会中实实在在存在各种各样的关系网，这无不让贫寒子弟处处碰壁，有时碰得头破血流，直至认命。无论承认与否，在同等条件下，出身富裕家庭的孩子能得到的机会更多，可选择的路更广，其成功的几率也就大得多。

英国 BBC 有一部很震撼的纪录片，导演对 14 个不同阶层孩子的一生进行了跟拍，从 7 岁开始，14 岁、21 岁、28 岁、35 岁、42岁、49 岁、56 岁，虽然纪录片没有发表任何看法，但是赤裸裸的现实却摆在了面前：几十年过去，导演从青年到老年，跟拍的对象从儿童步入中老年，穷人的孩子依旧是穷人，富人的孩子依旧是富人。这其中只有一人通过努力成为大学教授，从穷人步入富人行列，改变了自己的命运，成为幸运的寒门贵子。

有一则笑话说，王健林给了王思聪 1 个亿，他通过创业赚了 4亿，翻了 4 倍。我爸爸给了我 1 元钱，我买了个包子，饭饱力足之后我去工地搬了一天砖，赚了 80 元，足足翻了 80 倍。所以不是我比别人差，实在是起点不同。

听完除了让人自嘲一番，更有一种贫寒子弟对现实深深的无奈感。

我国有"三代贫农"的说法，这不仅仅是一种社会现象，也从侧面说明了富变穷易，穷变富难，想要逾越固有的阶层必须付出超常规的努力，还要掌握超常规的方法。

说这么多，吐槽并不是我的目的，我只是想告诉你，如果你出身贫寒，那是上天给你安排了一条布满荆棘的道路。相对于富家子弟一片坦途不同，如果你不努力，你是发现不了荆棘之中其实是存在一条道路的；如果走通了，你将获得超越普通人，乃至富家子弟的非凡成就。不幸的是，大部分贫寒子弟都是被密布的荆棘刺得遍体鳞伤，畏缩不前，乃至停滞了脚步。

　　面对现在60后、70后成功的一代，我们80后、90后很多仍然在温饱到小康之间挣扎徘徊，尤其是我身边的好多大学同学。他们大都工作、生活在北上广等大城市，每月工资扣除房租、吃饭聚餐、人情往来、生活日用，所剩无几，每年过年回到老家，父母渐渐老去，需要赡养，亲戚的孩子慢慢长大需要给压岁钱，作为村子里走出去的"金凤凰"，我们还必须维持着卑微的自尊，让邻里觉得我们"混得很好"，春节的光鲜过后，又得长途奔波回到工作的城市，蜷缩在城市的一角，哪怕是工作再苦再累，也不敢辞职。

　　我们有时候也会抱怨60后、70后的成功是他们抓住了改革开放政策的机会，现在几乎每一个赚钱的行业都被他们霸占，加之经济不景气，做生意越来越难，即使很努力，也不一定会成功。

　　但是，无论是与否，现实已是如此，无法改变，唯有直面现实，生活才有出路。

　　如果出身草根，你又天天耽于自叹自哎，那么你仅仅只能局限在一个愤青的范围内而已。有一句话说得很好，做不了富二代，我就努力做富二代的父亲，努力为我们的后代创造优质的生活。

　　我出生在西南边陲一个充满历史文化气息的名为建水的小县城下面的一个小村庄里。作为我们小县城当年高考的佼佼者，中国人民大学的毕业生，当年初入北京，我也曾经懵懂无知，跌跌撞撞历经不少曲折，如今在组织的关怀下，我逐渐成长，从年轻

寒门再难出贵子吗？

的支行行长、年轻的副局长，我一步步成长起来。到如今慢慢成熟，娶妻成家，孩子也即将出世，一路走来我是幸运的，但这期间我也经历过很多挫折。我一直在想，如果有一天我不在了，能给我的孩子留下什么？房子、车子、票子等不过是过眼烟云，唯有经历、感悟才是最宝贵的财富，于是我把一路走来学习、工作、生活的点滴感悟记录此书，希望能给他留下人生的财富。

既为家书，也与奋斗的诸君共勉！

江　恒

第一章　踏过草根槛

状元教你如何学习最轻松

第一节　为什么我要好好读书

这个问题是一个很残忍的问题，因为它的答案更残忍。

但对每一个出身贫寒的人来讲，这是人生的第一步，不得不面对。

作为过来人，不可否认，中国的应试教育是相当痛苦的。幼儿园、小学、初中、高中，这个漫长的学习过程相当辛苦，周末补课，各种培训班不断，就像一座围城一样把本该享受童年时光的我们早早困住。

无论承认与否，学习都是一件极其痛苦的活计。所谓快乐学习不过是一些教育培训机构宣传美化自己、营销推广产品的噱头而已，哪怕你学习方法再好，也需要花费大量的精力去刻苦用功。

学习没有捷径，天才并非一朝一夕产生。然而人都是享乐型动物，学习与享乐注定存在矛盾。可以肯定地说，在人们前半生的学习过程中，如果你真的踏实努力的话，是很少有快乐的童年的。

如果现在让我重新选择，习惯了安逸生活的我，是再也吃不了从初中到高中的那份苦的。

这也给了一些愤青们抨击中国应试教育的借口，中国的教育，高中以前都是刻苦学习，抹杀了孩子的天性，说起来都是一把辛酸一把泪，而一到大学，整个人突然放松，吃喝玩乐旅游交朋友，扑克麻将聊天看电影，或者是宅在宿舍打 DOTA，玩 CS……不该学的时候苦学，真正该学的时候不学，大学论文摘摘抄抄，千篇一律，毫无价值，所以中国很难培育出土生土长的学术大师。

而外国正好相反，童年以培养孩子兴趣、开阔眼界为主，到了大学才真正开始学习，于是乎，各类愤青们层出不穷大声疾呼中国教育要改革，要向外国先进的教育方式取经。

我要说的是，这些只是富家子弟无聊的谈资而已，如果你没有出生在大富大贵之家，如果你的家庭无法送你出国留学，那么你就权当一个笑话听听罢！

高考诚然抹杀人的天性，但是它不失为一个贫穷家庭的孩子提供出人头地的机会，也可以说是唯一改变命运的机会。

因为在高考面前，穷人的孩子和富人的孩子都是平等的。对于寒门子弟而言，这可能也是你一生之中唯一一次拥有平等机会的时候。等你长大到工作时，和富家子弟一起竞争的时候，各种错综复杂的关系网会让你深有体会。如果你轻易放弃这辈子唯一一次可以和他们公平竞争的机会，那就相当可惜，唯有叹息了。

可以毫不夸张地这样说，高考是中国最公平的考试制度，甚至比以后的公务员考试、入职考试等还要公平。最简单的一点，因为它不需要面试，无论你贫富、美丑、高矮、胖瘦，一视同仁，对人人都是公平的。你在青少年时代，如果抓不住这个机会，那么等你工作后处处碰壁被撞得头破血流之后，就会深深地体会到人情社会那无处不在的关系网。

在银行工作多年，我也见到、遇到很多，家里有关系的孩子总是活得更滋润些，从毕业找工作、工作调动到职位晋升，"家里有人"总会更容易些；如果无功而返，那多半是家里的关系还不到位。一旦背后各方面的软实力达标，有些东西甚至他们自己都没有想到，别人都会帮他们事先考虑到，甚至比他们自己想得还要周全。

记得听过一句话，出身富贵之家，你的每一步都会被安排得井井有条，每一个毛孔都会被照顾到无微不至。而只能依靠自己的人，每一步都举步维艰，甚至手啊脚啊都没处放。

当然，话说回来，现在国家正在着力解决这些社会不公平问题，相较从前也已有大大改观，但毕竟还有一个艰难的过渡期，期间注定要有些阵痛。

我要说的是，如果你家里无权无势，那么你出人头地势必要比别人更加艰难；如果你还不努力读书，在千军同过高考独木桥的时候败下阵来，那么你今后成功的概率将会大大降低。因为年少的时候，你轻易放弃了人生最重要的机会。

高考，人生的这第一道门槛将把百分之七十的寒门子弟堵在门外（我指的是考上名牌大学），跨过去你将走进人生的第一道成功大门，跨不过去，你未来的人生道路上将面临更多的槛儿。

这时候你肯定要问，既然高考那么重要，为什么身边大部分毕业生都找不到一份好工作，好多人只能在大城市里苦苦挣扎，乃至苟延残喘，大部分只能租住在狭小的出租屋中，安居乐业只是一个幻想，与其说是白领，倒不如说是蝇营狗苟流浪在大城市里的浮萍，举目无亲，无依无靠，很难找到心灵的归属感和人生的认同感。

至于其中的佼佼者状元郎们呢？却有很多都是碌碌无为，既然如此，读书还有用吗？

前不久有一则新闻刷屏了，说是"人大毕业生流落赣北农村，家庭赤贫"，消息一经传出，"伍继红"甚至一度成为搜索热词，引发了大量有关"阶层跌落"的讨论。起因是江西修水县里的扶贫帮扶干部走访贫困户时，发现了曾毕业于一流高等学府的伍继红。这个高考曾以 692 分的高分被中国人民大学档案学院录取的女人，如今家徒四壁，有 5 个孩子，唯一的收入来源是在外打工的丈夫。

这里我要说的不是曾经的高考佼佼者沦落得有多惨，因为伍继红本身是因遭遇家庭变故、求职失利、婚姻失败等一系列打击，精神方面遭受重创，导致与常人有异，本身不具有代表性。我们关注的重点应该放在另一方面，在伍继红事件曝出后，她得到了人大校方的全方面关怀，一人有难，全校支援。据了解，除了捐款外，人大校友协调各方，为伍继红安排了县档案局的工作，他丈夫被安排在一家饭店工作。人大江西校友会还承诺，几个孩子上学的费用全免，未来 10 年将一直为他们提供资助。

类似悲惨的家庭有很多，为什么幸运没有降临到其他人头上呢？很简单，因为她头顶名校的光环，她通过高考改变了自己的命运。

还有曾经卖肉的"北大屠夫"陆步轩，1985 年陆步轩以长安区文科状元的成绩考入北京大学中文系，在单位与领导关系搞僵后，离开体制下海，从事装修等行当皆宣告失败，然后老婆嫌丢人与其离婚，随后再婚得女，为了养活家庭，开始卖猪肉，名为眼镜肉铺……直到 2009 年，陆步轩遇到了生命中的贵人——同为北大校友、同是"卖肉佬"的陈生。陈生邀他赴广州，提出开办"屠夫学校"，两个"卖肉佬"一拍即合。自此，陆步轩开始了一飞冲天的卖肉生意。如今，他的猪肉生意做到了全国，资产数亿，还著有《屠夫看世界》《猪肉营销学》《北大屠夫》等书。

上面这些人，他们都有一个共同点，就是都曾经是高考的佼佼者，毕业于名牌大学，他们也都经历过一无所有的落魄，但是最后，他们都遇到了改变命运的东西。

人民大学圈子里流传着一句话，即使你一无所有，依然有人大校友。这也许就是名校的力量所在，它也许不能让你飞黄腾达，但能在你最困难的时候雪中送炭。走出名校，也许你依然一无所有，但至少不会被社会毫无顾忌地踩蹋和践踏。

我想，这就是为什么要好好读书的原因所在了吧。有一句话说得好，拥有一张好的文凭，也许不能确保你干什么，但最起码，它能确保你能不干什么。

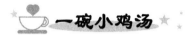

那些早早辍学的同学，最后怎么样了？

前不久，多年不联系的小学同学邀我加入了小学同学微信群，因为刚刚建群，一人拉一人，足足有 50 多人，大家刚开始都挺兴奋的，因为毕竟多年未相见。我们在群里一起回忆了过去的小学时光，回忆放学后一起摸虾捉鱼的趣事，询问了老师们的近况，再自报各自的近况。

你一言我一语，叽叽喳喳，畅聊过去现在，微信群里每天都有成百上千条信息，谁也不觉得累。但是一周过去了，我发现群里发的消息越来越少，一个月不到，只有几个人偶尔还冒个泡。

原先热闹的群已经门庭冷落。

前不久我回到老家，和一个从小玩到大的好朋友聚在一起，他在外地念的重点大学，也留在了外地拼搏奋斗，每年他回来我们都要小聚一下。

闲聊中我就向他提起这事，因为我知道他一直是微信群里的活跃分子，总是积极踊跃地带头。他也在我那个小学同学群里，一开始比谁都兴奋，但后来却一句话不说了。

我问他原因。

他说，你不觉得我们和以前那些同学都不在一个频道了吗？

我和他们谈印度战争，他们的兴趣却是村子里谁和谁又干了一架；我和他们谈武汉大水，他们关注的却是中午去哪儿喝顿小酒儿。张口闭口都是李总、张总、陈总的互相吹捧，其实不是在村里养几头猪，就是种几亩薄地，倒不是看不起他们，而是实在没有共同语言了。你看现在群里偶尔还说句话的都是那些仍然留在农村盘田种地的农民，天天都在群里发些粗鄙搞笑的段子，你没发现群里读过大学、有正式工作的同学都不约而同保持沉默了吗？而且有些同学甚至多年不联系了，却开口借钱，借钱的理由也五花八门，不是娃娃上学没钱，就是投资做点小生意，还有两个竟然向我推荐一个赚钱的好生意，说是投资 1 万能日赚 100 元，一看就是传销的把戏，这么多人借钱，却没有一人是真正急等钱用的。

我竟无言以对，细细想来却如他说的一般，现在群里除了几个还留在农村老家的同学偶尔在群里邀约着喝顿小酒儿，互相在群里吹捧几句，集赞领个洗发水的试用装之类外，大家大都无话可说了，不是感情淡了，而是实在找不到该说什么了。

由于我在银行工作，群里的同学有些会加我的微信，私下询问我贷款的相关事宜，我也一一跟他们细心解答。后来我发现他们关注的重点都不是贷款的流程和条件，而是有没有什么无息贷款，或者有没有什么好的、轻巧的赚钱门路，更有一个十多年未见的同学说自己信用记录不好，问我可不可以以我的名义贷款出来给他用，等有钱之后再还我，被我一口回绝了。

我再一细看我自己的微信群，我发现，在初、高中同学的群里，如果未能进入大学，初中或者高中就肄业，或者只是去一些技校、中专简单应付下的同学，大部分从事的都是些理发店、花店、销售、私营企业打工之类的职业；而能坚持到大学毕业，甚至是重点大学毕业的同学，大都从事公务员、财务、银行之类体面的职业。

一个人所从事的职业确实和他的学历呈一定的对等关系。

前不久，我回老家过年，因为车子坏了，只能坐车回去，刚好遇到一个初中同学，初中毕业他爸爸就给他买了一辆小型面包车跑客运，因为十多年前交通还不便利，跑运输还是很能挣钱的。

我和他熟悉是因为他从小家庭较富裕，零食也比我们多得多，所以我们大家都喜欢和他在一起，可以蹭点吃的。

一来二去互相聊起来，以前的印象就鲜活了。

说起他初中毕业辍学的事，他接连叹气，说早知道就好好读书，好歹混个大学文凭，当年眼看着初三的学生每天都活得特别累，听说高中更恐怖，觉得这样的生活很可怕，看着他们在题海里苦苦挣扎的样子，就失去了读书的动力。当时他爸跑客运也能赚钱，他就出来跟着他爸一起跑，生意好的时候一个月也能赚到五六千块，比他大学刚毕业的表哥挣得还多。

好不容易苦了几年，把东拼西凑买车和买路线的钱还清了，还结婚盖起了房子，没想到社会快速发展，家家都有轿车、摩托车代步，跑客运已经难上加难，仅能维持一口饭吃。他给我算了一笔账，一车拉 8 个人，跑乡村公路 15 公里，每人 3 元钱，除去油钱，一个人头上只能赚 1 块，有时候多拉几个人还要冒着被交警抓到罚款 2000 元的风险，而光排队拉客的车就有 20 多辆，司机之间互相抢客还会产生矛盾，每天顶多能跑三四个来回。

常年跑车，他还患上了严重的腰椎间盘突出，却连一天也不敢休息，因为只要休息一天，就意味着一点收入都没有了，而家里还有要上学的女儿、在家种地的妻子和年逾六十的 4 个老人。

他自豪地说起他今年花了半年的收入，给自己刚上小学的女儿报了一个钢琴培训班，他说："我一定要供她上大学，不为了给我争气，只是想她以后不必像我一样，只能困在这样一种人生里，动弹不得。"

他也许可以找到其他工作，但这辈子却很难再摆脱司机这个职业。

我下车的时候，他坚决不收车费，我也没再坚持。

想起去年的国庆节，我手机坏了，去手机店里买个手机，不巧正遇到了初中时的另外一个女同学。我对她印象深刻，是因为她在初中时模样娟秀，长得白白净净，尤其是一双眼睛灵气逼人，加之她家是县城里的，父母都是工人，当时是我们一大群从农村出来的刚刚萌生情愫的"土包子"眼中的公主。

而她现在的变化着实让我大吃一惊，脸庞仍然白净却无一丝血色，当年清纯的模样已不在，唯有满脸的沧桑，比我们同龄人苍老了10岁不止，一双眼睛也早已失去了往昔的神采，我一开始甚至怀疑我认错人了。

我原以为她应该过得很好。

聊天中得知她现在在这家手机专卖店里做促销员，他老公也在这个小县城的一家快递公司上班，还有一对双胞胎儿子在上幼儿园。

其实上学的时候她还是班上的尖子生，成绩在年级一直能排到前50名，也是老师重点关注的对象。因为长相娟秀，每天围在她身边献殷勤的男生很多，有学校里同级的，也有高年级的，有时还有校外的人员。请她吃饭，送她礼物的更是为数不少，如果她没有轻易放弃高考，考上重点大学是不成问题的。

听她说起，她初中毕业后，先是经营过花店、化妆店，开过照相馆，当时在小县城里都是时髦的玩意儿，赚钱很容易。

说着说着，却开始抱怨起来，说像她这种是吃青春饭的活计，没有我们坐办公室的轻松，当时还觉得没上大学也没什么大不了的，现在想想真是后悔当初没有好好努力一把，现在无论去哪个公司，都要大学的文凭。

之后我们再也没有见过面，再后来逛街路过那家手机店也没看见她的身影。后来听人说起她又去了一家超市当收银员，而就在前不久，我听一个要好的同学提起，她和她老公都辞职了，据说去了江浙一带打工，听说那边挺赚钱的。

我不甚唏嘘。

年轻有年轻的好处，但短视也是最大的通病，青春可以肆无忌惮地挥霍之时，太容易盯住眼前一点点蝇头小利。可是当你到不惑之年，挺着不大不小的肚腩，患上了高血压、高血脂、脂肪肝时，却还和20岁出头的年轻人从事同样的工作，领着一样的薪水，你该怎么办呢？

我们太容易被现实打败，或是沉溺于眼前的利益和轻松，被迫或半被迫选择一份门槛低、含金量也低的安逸工作，然后在日复一日的机械重复中，一点点消磨掉斗志和精力，然后在亲朋好友或是世俗的压力下，找一个跟自己"门当户对"的伴侣，生一个娃，然后随波逐流，陷入柴米油盐酱醋茶的琐碎泥潭里，想要有所改变，却已力不从心，然后只能再把这生活的压力、未来的空想不负责任地抛给孩子，美其名曰：希望。

年龄不断在增长，生活却再也不会改变，你甚至可以看到自己几十年后的人生，不过是像闹钟一样在简单地重复。

一纸重点大学的文凭，姑且不论含金量的问题，它有时候却是你摆脱某种生活泥沼的绳索，打开一道希望之门的敲门砖，对寒门子弟而言，更是如此。如果你连学习的苦都吃不了，是绝难咽下生活中的苦楚的。

对于出身贫寒的人而言，努力学习也许不一定能站上山顶，但是却能不继续在谷底沉沦。看不清远方的时候，不妨系紧鞋带，默默坚定地低头往前走。

别让生活把你困在青春年少时。

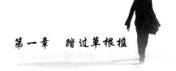

第二节 做时间的规划师：广告式学习

时间对每一个人都是一样的，富人的 24 小时和穷人的 24 小时，都是一样的 86400 秒，不会长，也不会短。

人从出生的那一刻开始，其实也都是一样的，一样的懵懂无知，但为什么若干年之后，每个人的现状却大相径庭：有的成为著名的科学家，有的是学识渊博的教授，有的是成功的企业家，有的是平淡安逸的公职人员，有的却是落落魄魄，只能靠卖苦力讨口饭吃？

诚然，每个人成年后的人生都各异，也有各自的原因，但是抛开个体差异不论（比如说一个目不识丁的人突然一夜暴富中 1000 万彩票），一个人的未来是和他的学识呈正相关的。

生儿不读书，不如养头猪，说的就是这个道理。对于绝大多数人而言，学识决定了人生的高度。有知识的人也许不一定能混好，但也绝对不会太差，这是众所周知的真理。

但为什么，所有人出生的时候都是如同白纸一样的无知，每天 24 小时对每一个人也都是同样的长度，最后每个人所获得的学识却大相径庭呢？一个学识渊博的教授和一个只能勉强识文断字的农民工，难道在他们出生的时候各自的人生就注定了吗？答案是否定的。

这说明一个道理，除了个人所花在学习上的时间和精力不同之外，学习的效率问题是一个很关键的因素。

同一个班的学生，排除个别智商过高的同学之外，大多数人的起点是差不多相同的，面对同样的老师、同样的课程、同样的课时，但最终成绩却总能分出高低，这也验证学习效率不同，严重影响着学习的结果。

在普洱茶的发源地，有享誉世界茶源美誉的普洱茶叶，当地人工作、生活之中自然少不了氤氲的茶香。茶叶是一门很深的学问，光是有关茶叶研究的书籍就不下百种，而如何泡茶更高效、更具有美感，也是大有讲究。

我刚到普洱的时候，刚刚学习泡茶，依葫芦画瓢地先洗净水壶，灌上泉水，放在炉上坐待水开，水开了之后，又急急忙忙去找茶叶，洗茶壶、茶杯，一道茶下来弄得手忙脚乱。

后来耳濡目染熟练一些了，我就先做好一些准备工作，比如说洗茶壶、茶杯，撬好茶叶，一切就绪，灌水烧水，坐待水开了泡茶喝，开始懂了点茶道的皮毛。

现在手法也日渐纯熟，洗好水壶、灌上泉水、放在火上，在等待水开的时间里，洗茶壶、洗茶杯、撬茶叶，水沸腾了泡一壶好茶，怡然自得地小品几口，慢条斯理，不再是手忙脚乱。

同样是泡茶，只是调整了工序，不同的安排，却得到了迥然不同的效果。

学习亦如此，同样的时间，同样的老师，同样的你，不同的学习安排，最终的效果也会不同。每个人考试得分的高低、学识掌握的不同，很大程度上还是学习的有效性问题。

学习的重要性就不过多赘述了，一个习惯学习看书的人，他的学识、眼界、谈吐和一个终日混迹夜店的人是有天壤之别的，这就是我们常说的腹有诗书气自华。

古人教育我们要活到老学到老，而往往忽略了学习最重要的是效率，而不是学习时间的长短，那这里我们来重点说说如何学习更有效。

相信没有人是不看电视剧的，每集大约45分钟的电视剧结束，总会插播几分钟讨人厌的广告，而且很多时候都是快到有悬念、最精彩的时候戛然而止，突然蹦出"广告时间，马上回来"，有时候恨不得把遥控器都砸了。久而久之，我发现电视剧看了很多，忘记的也多，但穿插其间的广告词我却基本都会背了。

我突然灵光一闪，为什么这种无聊的广告词我都能记住呢？

于是在我后来的学习中，我开始琢磨把这种广告式的学习模式活学活用，起床的时候、吃饭的时候、等车的时候、休息的时候，甚至是躺在床上、蹲在厕所的时候，我都把我要学习的知识当作插播的广告一样，在脑海里热播一段，其实也就大略地看上一遍，时间不长，三五分钟左右，时间久了我发现几乎所有要学、要记的东西我都能记得，甚至一字不差地背下来，这种潜移默化的、广告式的轰炸效果，竟比我花几个小时的时间连续去背诵记得还牢固。

后来从初中到高中，我把这个广告式的学习方法不断发扬光大，这让我受益匪浅，同时学习、娱乐两不误，我顶多只是在玩之前和玩之后的短短几分钟里再抽空学习一下而已。

所以，即使在高考那种紧张的学习氛围里，身边的同学都是每天10多个小时不间断地反复练习，而我除了正常的课时外，大部分时间却是在踢球、看电视剧中度过的，只不过娱乐的空隙之间，我都会认真地再播放几次"学习广告"。

后来，我看到有研究指出，人的记忆集中时间一般只有一个小时的光景，甚至更短，超过这个时间，学习的效率就会大打折扣。而我的广告式学习正是把学习的过程切分为不同的小节，每一节都在记忆的高效期里，与记忆理论不谋而合，又通过频繁的类似广告的片段，不停地轰炸大脑，所以最终达到了事半功倍的效果。

即使对同一个人而言，同样是花2个小时去学习，连续2小时的学习和分为 12 次、每次 10 分钟，后者肯定是强于前者的。

这就与泡茶是同一个道理，不同的安排，收效却有天壤之别。

我们所熟知的一代大文豪鲁迅，就是个中高手。他十二岁在绍兴读私塾的时候，父亲身患重病，两个弟弟年纪尚幼，鲁迅不仅经常往返当铺，还要不停跑药店，期间还得帮助母亲做家务，为了不影响学业，他必须做好精确的时间安排，他几乎每天都在挤时间。在往返当铺、药店、家的空隙之间，在扫地、做饭、玩耍之间，他都在学习，这也正契合了广告式学习的精髓，正如他说的"时间就像海绵里的水，只要愿挤，总还是有的"。

所以不要再胡扯什么做时间的主人了，任何人都无法阻止时间的流逝，你唯一能做的就是在时间的进程中，规划好自己的事情，合理安排学习的时间段，将学习融入日常生活的片段之间，既不影响休闲娱乐，学习效率还高，何乐而不为呢？

上厕所的五分钟，多蹲一会儿总会有的。把在厕所和床上，这两个最能迸发灵感的时间都利用起来，你将受用无穷。

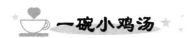

一碗小鸡汤

仲永的哀伤

相信大部分人都知道方仲永的故事，典故出自北宋著名的政治家、思想家、文学家、改革家王安石先生的《伤仲永》一文，现摘录如下：

金溪民方仲永，世隶耕。仲永生五年，未尝识书具，忽啼求之。父异焉，借旁近与之，即书诗四句，并自为其名。其诗以养父母、收族为意，传一乡秀才观之。自是指物作诗立就，其文理皆有可观者。邑人奇之，稍稍宾客其父，或以钱币乞之。父利其然也，日扳仲永环谒于邑人，不使学。

余闻之也久。明道中，从先人还家，于舅家见之，十二三矣。令作诗，不能称前时之闻。又七年，还自扬州，复到舅家问焉，曰："泯然众人矣。"

王子曰："仲永之通悟，受之天也。其受之天也，贤于材人远矣。卒之为众人，则其受于人者不至也。彼其受之天也，如此其贤也，不受之人，且为众人；今夫不受之天，固众人，又不受之人，得为众人而已耶？"

方仲永小时候可以说天资聪慧，五岁即能出口成诗，天才不好说，奇才绝对是了，可惜的是，在年少正当学习的时候，被父亲当作家里的摇钱树，浪费了学习的大好时光，最终泯然众人，天才被打落凡尘。

而与之相对的一个典故是"牛角挂书"的李密。

密以薄鞯乘牛，挂《汉书》一帙角上，行且读。越国公杨素适见于道，按辔蹑其后，曰："何书生勤如此？"密识素，下拜。问所读，曰："《项羽传》。"因与语，奇之。归谓子玄感曰："吾观密识度，非若等辈。"玄感遂倾心结纳。大业九年，玄感举兵黎阳，遣人入关迎密。

故事说的是隋唐末年的魏公李密，就是耳熟能详的瓦岗军的大首领，秦叔宝、程咬金没有跳槽前的大老板。李密在年少之时，勤奋好学，珍惜学习时间，除了平时学习外，他骑牛的时候都在牛角上挂一本书（当时的书可不像现在这样可以随便揣屁股兜里，那时都是竹简书，一册基本都几十斤重），时刻不忘翻看温习，看累了骑下牛，骑累了看下书，不间断地学习，实乃广告式学习的开山鼻祖了，最终李密成为隋唐末年著名的群雄之一。

第三节　考试得高分，方法而已

前一节是告诉你要重视高考的作用，是战略层面；这一节则是战术层面，告诉你如何在高考中取得好成绩。

可以这样说，应试教育中的考试基本是没有什么技术含量的，无外乎死记硬背而已。谁背得更多、记得稳准狠，谁就考得好。换句话说，你考试得分高，不代表你更聪明。

如果你智商没有硬伤，那么考试仅仅是一个比谁学习更刻苦、记忆力更好、方法更得当的问题。

下面，我就分享一下我作为过来人的学习经验，如何学习效率更高、考试效果更好。

至于要比如何吃苦，你要是头悬梁、锥刺股、眼睛点辣椒水、鼻子沾风油精，抑或还有更狠的招数，不是我讨论的范围。

就我个人而言，我的初、高中生活很枯燥，但是远远没有多辛苦，和其他学生放弃玩乐时间埋头苦学不同，我大部分时间在踢足球、看小说、去学校外面的小黑屋看连续剧。

还记得当时我们班上的女同学不仅正常时候学习，晚上下自习还要打着手电筒躲在被窝里看书到深夜，因为当时宿舍统一在22：30 关灯，好多人都舍不得把时间花在睡觉上，深夜还要埋头苦读。以至于当时的讲台上除了有老师外，还有几十个充电的手电筒，老师上课的时候都要防着被充电线绊倒，场面也是蔚为壮观。你也可以从中想象高考紧张的氛围。

而我高考还能取得不错的成绩，不是我比别人多聪明，仅仅是自己悟到了一些方式、方法而已，下面是我的几点心得体会，以供参考。

第一招：保持头脑放松，多参加体育运动

考试比拼的不是智商，而是谁记得多、记得牢、记得准，保持头脑放松是制胜的法宝。

在枯燥的学习生涯之中，运动是最好的调节剂，在学生时代，也是最经济的选择，篮球、足球、乒乓球、羽毛球，你可以根据自身爱好选择一门或多门，当然除此之外，如果条件允许，你也可以选择摄影、绘画、音乐、徒步等，找到一个适合你自己的放松方式尤为重要。既可以在紧张之余放松自己，又可以锻炼出强健的体魄，切不可做那手无缚鸡之力的书生，更不能学那风吹柳絮倒般的林妹妹。

就我个人而言，我读书的时候，足球、羽毛球、短跑都很擅长，曾经还得过学校引体向上比赛的金牌，除体育特长生外，我是唯一能体育测试全满分的学生。这无论对增强我的自信，还是提高学习效率都至关重要。

但是要务必注意一点，切不可因为这些业余爱好，耽误了学习的主业。无论你多擅长，这些只是学习之余的调味剂而已，如果本末倒置，那么若干年后，你仅仅只是球打得比一般人好一些的普通人而已。

第二招：找到适合自己的快速记忆法

既然有大量的知识需要背诵，那么找到合适的记忆方式就尤为重要。我在高中时期有一个简单的速记方法，就是把要记忆的东西，取其中几个字，编成自己顺口的句子，这个方法屡试不爽。

例如：记忆思想政治课上公民五项基本要求：爱国守法、明礼诚信、团结友善、勤俭自强、敬业奉献，如果死记硬背是很难全部准确背出来的，但是编写成"爱明团（一个人）勤俭敬业"，这样一个小句子就容易记了，即使过去十多年，我仍旧能熟练念出来。

再比如说，现如今全国很多地方都在争创全国文明城市，都要求熟练背诵社会主义核心价值观，单位的很多同事，年纪稍长的往往要花很多时间才记得住"富强民主、文明和谐、自由平等、公正法治、爱国敬业、诚信友善"这 24 个字，而我花五分钟就记住了，我只是简单地把它们记成一句话"诚富文（一个人）爱自公"。

虽然这很上不得台面，但是很实用，也可以当作你苦闷学习之余的自娱自乐，编成自己喜欢的，只有你一个人知道的属于你自己的独特的句子，你记忆起来将会事半功倍。

这一个方法运用得好，政治、历史、地理等课程你将得心应手。当然，英语课万万不能用这种方式来记忆，不然学成中式英语（Chinese – English）相当麻烦。

第三招：每天背诵一首古诗词，培养自己的文字功底

语文对多数人而言是一门头疼的课程，这一门课程很少有捷径可走，更多是一个文化积累的过程，短时间要想大幅提高是不可能的。

但是初级的考试要想得分也不难，尤其是只要作文出彩，很容易拉开与其他考生的差距。作文如何快速有效提升，多背诵古诗词是一个有效的方法。在作文之中多引用名词靓句，能为你的作文增色不少，这是一个得分的捷径。只要你注意多看新闻，你会发现国家领导人在发言之中也经常引用古语，博古论今，这往往能体现一个人的博学多才。

所以，利用空闲时间，每天多看、多记一点唐诗宋词、名言警句，短则三五月，长则一两年，久而久之你的语言才能很容易得到提升，作文也更容易出彩得高分。

等到将来你还会发现，有出色的文字功底，能让你在工作中快速凸显，因为每一个单位都不缺能说会道、能唱会跳的员工，但都缺乏会写的笔杆子，出色的文采会让你的一生受用无穷。

第四招：抓住课堂宝贵的 45 分钟

课堂的 45 分钟课时，是一个老师备课的精华，务必要集中精力听课，利用好了，将收到事半功倍的效果，大可不必下课后花大力气去自学，更有甚者参加各种各样层出不穷的培训班。

就我个人而言，我从来没有参加过任何培训班，因为老师的授课已经足够了。

那么如何取得百分百的效果？

诚然，坐在教室前列是最好的，因为即使你思想抛锚，老师也会监督和提醒你。

还有最重要的一点，学生就像流水线，老师每年、每天都要面对成百数千的学生，如何取得老师的关注至关重要。有一个诀窍，要时刻保持和老师的眼神交流，老师授课很辛苦，所以你眼神要时刻不离老师身边，多对老师点头肯定、微笑示意，老师也更能关注你。

万万不能做那任老师讲得天花乱坠，我自稳坐瞌睡的周太公。

第五招：培养学习的自信，宁做鸡首，勿当凤尾

中国的家长都有一个误区，往往要挤破头皮把孩子往好的学校送，为此不惜花费大价钱去买什么学区房，到处求爷爷告奶奶把孩子往重点中学里"塞"。但是往往出现的结果却是，孩子的学校越换越好，学习却越来越差。

不可否认，有一个原因是他身边的同学越来越优秀，他凸显不出来。但我说过，学习只是一个简单的记忆过程，你只是把他放入一个比谁更能吃苦的环境，如果他是一个狠角色，那结果当然好；如果不是，久而久之，将会摧毁他刚刚树立起来的自信。而年轻的时候，孩子的心态还不成熟，如果过早地摧残他的自信，久而久之他会认为"我不行，我比不上别人"，从而自暴自弃，严重的会导致孩子一辈子颓废。

所以，我宁愿把我的孩子放在一个二流的中学，但要确保他能努力学习，进而保持成为班里的佼佼者。他如果一直能排在前列，那么必定会成为老师眼中的尖子生、学生眼中的明星，在成长的阶段就能培养出至关重要的独立自主、勇于担当的表率意识。

当然，如果他身处一个不利的环境中，周围的学生都不思学习，比吃比穿，甚至是些小混混，有学坏的倾向，要毫不犹豫地果断为孩子更换环境。

以上这些就是我曾经高考得高分的学习领悟，其实也就"五板斧"，但是如果你能融会贯通，甚至加以扩充，相信必会受用无穷。

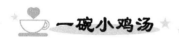

孟母三迁的故事

说起孟子，大家都知道他是一位伟大的思想家、教育家，他的成功不仅有他自己的努力，还在于他有一位远见卓识的母亲。

孟子，名柯。战国时期鲁国人，三岁时父亲去世，由母亲一手抚养长大。为了他能健康成长，孟母曾三次搬家。

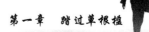

孟母第一迁：孟子小时候很贪玩，模仿能力很强。他家原来住在坟地附近，他常常玩搭筑坟墓或学别人哭拜的游戏。母亲认为这样非常不好，就果断搬家。

孟母第二迁：孟母把家搬离坟地后，迁到了集市附近，孟子又模仿别人玩做生意和杀猪的游戏。孟母认为这个环境也不好，就第二次搬家。

孟母第三迁：这次孟母把家搬到了学堂旁边。孟子就跟着学生们学习礼节和知识。孟母认为这才是孩子应该学习的，心里很高兴，就不再搬家了。

这就是历史上著名的"孟母三迁"的故事。

我们不得不佩服在几千年前，孟母就有这样的智慧和果决，所以孟子的成功也不是偶然的。现在大部分家长挤破头皮去买学区房，大概也是这个道理。但是，他们往往忽略了，对于孩子的教育，给他良好的生活环境固然重要，但是言传身教才是最最关键的。

对于孟子的教育，孟母更是重视。除了送他上学外，还督促他学习。有一天，孟子从老师子思那里逃学回家，孟母正在织布，看见孟子逃学，非常生气，拿起一把剪刀，就把织布机上的布匹割断了。孟子看了很惶恐，跪在地上询问原因。

孟母责备他说："你读书就像我织布一样。织布要一线一线地连成一寸，再连成一尺，再连成一丈、一匹，织完后才是有用的东西。学问也必须靠日积月累、不分昼夜勤求而来。你如果偷懒，不好好读书，半途而废，就像这段被割断的布匹一样变成了没有用的废物。"

孟子听了母亲的教诲，深感惭愧。从此以后专心读书，发奋用功，身体力行，实践圣人的教诲，终于成为一代大儒，被后人称为"亚圣"。

第四节　学习无捷径，唯苦而已

上面介绍的都只是一些考试得分的技巧，你如果掌握得当，学习起来会比别人得心应手，但也仅仅只是技巧而已，千万要分清主次，不要沉迷于各种快速学习法门，而忘记了学习的最终正道始终是踏实苦读。

自古学习无捷径，唯苦而已。

古语都说，"书山有路勤为径，学海无涯苦作舟"。学习技巧再好，顶多只是奇技淫巧。剑走偏锋，诚然能确保你考试一时得高分，但非是做大学问者应该采用的。

学习务必要脚踏实地。各种学习的技巧就像你每顿饭吃点咸菜，能锦上添花，让你饭量大增，但如果把咸菜当作主食，你只会长成瘦骨嶙峋的样子。

学习从来就不是一件轻松的事，古今中外都一样。

但凡取得一定成就的人物无不是经过艰苦卓绝的努力，尝透了常人无法承受的苦楚，方能取得傲人的成绩。

你如果天真地以为牛顿发现万有引力定律仅仅是因为被一个幸运的苹果砸到脑壳，而忽略了他无数个夜以继日辛苦的演算，你就雾里看花，舍本逐末了。

天上从来没有掉馅饼的事，有也不会轮到你。

你唯有通过自身的不懈努力，刻苦钻研才有成功的可能。技巧诚然可能让你一时取得领先，但是就像武功一样，招数再花哨，内功不好，一个回合照样就被秒杀。

而苦学，是修炼内功最好的法门。

小时候我们都看过《射雕英雄传》，知道郭靖和杨康的故事。

杨铁心和郭啸天两兄弟分别生下一个儿子，靖康耻犹未雪，丘处机便给两个孩子取名为杨康和郭靖。杨康是个风流倜傥的潇洒公子哥，聪慧过人，工于心计，不走正道，最终恶有恶报，不得善终。反观郭靖，笨得可以，但贵在脚踏实地能吃苦，洪七公教他的时候已经是耐着性子，看在黄蓉一手好菜的面上，勉强教会了他降龙十八掌，郭靖虽然天资愚钝，但贵在坚持，日复一日、坚持不懈地埋头苦练，终成一代大侠，名扬江湖。

郭靖和杨康就像是硬币的两面，杨康因为耍小聪明，把一手好牌打得稀巴烂，白白丢了性命，郭靖却是逆袭成功。除了杨康，还有欧阳克，也是一个极其聪慧之人，但是也没有什么好结局，究其原因，他们都有一个共同点，就是投机取巧，本末倒置，丢了人生中最重要的品格。

这就如同耳熟能详、妇孺皆知的童话故事"龟兔赛跑"一样，兔子和乌龟赛跑，跑得快的兔子半路睡大觉，脚踏实地的乌龟一步一个脚印却赢了最终比赛，让人大跌眼镜。

就现如今而言，我们虽然没有江湖，但每一个人读书上大学都是必经之道，就好比武侠世界里拜入不同的门派一样，也是一个道理。你要想成为顶尖高手，必须靠日复一日的勤学苦练，拳不离手，方得始终。

而一个人要想名震江湖，除了踏实苦学外，选择一位名师也相当重要。如今的各个大学就是人才的加工厂，如同门派有名门正派，也有籍籍无名，大学也有三六九等之分。有的是小作坊，有的是初加工的工厂，有的是深加工的厂房，有的是精加工的高端实验室。这就是为什么要劝你不断努力，往更高端大学努力的原因所在。因为排除个别特殊的产品外，小作坊生产出的东西和深加工的工厂出来的毕竟大部分不一样。

有人说过，好的大学当为镇国重器，而作为容器里的矿石，只有百炼方能成精，而这炼器之道，唯苦始成。

学习这条路上，只有你日复一日肯吃苦、能吃苦，再配合得当的学习技巧，才能无往而不利。也只有吃过苦、能吃苦的人，方能真正理解幸福的含义。

再次告诫各位莘莘学子，万万不能过度迷恋巧学活学，而丢弃最基本的踏实苦学的本性，取巧可能一时得势，取得一些小成绩，但永远不会取得大成功。

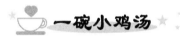一碗小鸡汤

少年学习不吃苦，长大人生就得补

我有一个远房小表妹刚刚毕业，多年未联系了，前不久她加了我的微信。听说我在银行工作，她找我帮她申请大学生创业贷款。这是国家推出的一款针对大学生创业的无息贷款，最高每人可贷款 10 万元，国家给予两年的贴息期。

我问她贷款的用途是什么？

她说想开一家文印店，主要做广告文案设计、打字复印之类的。

我问她，你 PS、办公软件能熟练使用吗？我知道她初中毕业没考上高中，就去一所技校读书，学的就是文案设计。

她说这些学校里学过，都会。

于是我给她一份申请贷款用的项目计划书模板，让她把文印

店的项目规划按规定填好后先发给我看，说是项目计划书，听起来高端大气，实际上都是些规定好的条条框框，哪里填什么都已经有明确的说明参照，照本宣科即可。

三天后，她在网上吱唔找我："哥哥，我做得不大好，你先看看?"

我打开之后胸口如遭重锤一击，差点一口老血喷到屏幕上。

我给她的是申请贷款所要审核的项目计划书，她只简单地填了文印店，具体的资金使用计划全无，自有资金、还款计划等关键信息全部空白，还有五六处明显的错别字，好几处甚至念不通顺。一个照本宣科的材料，完成度只有百分之三十不到，我几乎不敢相信这是一个学了三年文案设计的人完成的项目计划书。

我问她，你打算开文印店，铺面之类的找好了吗，或者有没有什么意向性的地方?

她摇摇头。

我又问她，你如果开文印店，电脑、打印机、复印机挑选好牌子没有?

她还是一无所知。

我又问她，你核算过开文印店的成本吗，你的回款两年后能覆盖贷款本金吗? 因为创业贷款虽然不要利息，但两年后是要还本的。

她还是一脸茫然，末了，弱弱地问了一句："到时候要是我还不上，会坐牢吗?"

我被气笑了，一口回绝了她申请创业贷款的请求，并提醒她要去学习，多积累，至少掌握一门过硬的技能。

过了大概半年多，她因为连续经营复印店、DIY 蛋糕店均宣告失败，还背上了不大不小的债务，再一次苦恼地来找我，让我给她的职业规划支支招，出出主意。

坦白说，我并不厌烦她，年轻的时候，我们谁不是走过很多弯路，谁不曾有过迷茫的时候。

所以，我给她讲了小白的故事。

小白是我高中时的同学，个子很矮，又胖，显得腿更短，土土的齐刘海儿，脸上散落着星星点点的青春痘，每天总是穿着洗得发白的蓝白校服。她平时学习相当刻苦，但每次考试都只是处于中间水平。

高中的时候，正是青春萌动的年龄，晚上熄灯后男生宿舍正是热闹的时候，那时我们热衷于把身边的女同学点评一番，然后鼓动身边的兄弟去追，促成一对算一对。

每当提到小白，兄弟们纷纷摆手，没心没肺地互相推诿：我不要，她和你更配，留给你，你去追！她一直是无聊的男生们调侃的对象。

她虽然读书时异常刻苦努力，但是发挥也没有惊世骇俗，只能说是中规中矩，不好不坏。最后她报考了一所师范类院校，也是国家985、211重点大学，不过专业限制为特殊教育，就是针对残障儿童的，而且要求毕业后回到家乡任教，并且签了双方协议，规定至少要从教5年以上才能离职。

当时我们都不理解，因为她的分数不高，但也不算低，本可以去一个更好的大学，选一个更好的专业。后来才了解到，她家里经济困难，父亲患有严重的类风湿，还有一个弟弟明年也要考大学，家庭压力很大。因为这所师范类院校的这个专业是免学费的，所以她填报志愿的时候毫不犹豫地选择了这所学校。

进入大学后，她仍旧一如往日地刻苦用功，不只熟练掌握了盲文手语等特殊教育专业所需要掌握的技能，利用业余时间她还辅修了第二门专业：英语，在我们这个年龄段，像她这样能咽下学习这份苦，主动努力用功的人几乎绝迹了。

她和我们就像两个极端，我们在大学里到处吃吃玩玩，她却一直没有放松对自己的要求，她辅修的英语在大四的时候居然通过了难度很大的专业八级考试，要知道英语专业八级考试即使是对主修英语专业的学生而言，也是很难通过的！

而且她在学校里年年拿到奖学金，加上她读的专业本来就免学费，可以说，她的大学完全没有花家里一分钱。

按照协议规定，她毕业后分配到家乡县城的一所特殊教育学校工作，她面对的学生基本都是无法正常交流的残障儿童，需要极大的耐心去指导。

有一次同学聚会，我们调侃她，你的工作应该最轻松了，反正你教的学生不是看不见的，就是听不见的，你即使随便教一教，他们也不会和家长打小报告。

没想到她却一脸严肃地正色道："每一个孩子都渴望健康成长，没有人希望生下来就患有残疾，我的学生确实比一般的学生要特殊一些，生活对他们本来就不公平，虽然他们很多都看不见、听不见，但我作为一个老师，我要确保他们和正常的孩子一样公平地享受教育，我就是他们的眼睛和耳朵。"

她还是一如既往的刻板、认真。

同样，对于工作，她还是如她的为人一样，一丝不苟、兢兢业业。

但因为她从事特殊教育这件事，还是一直被我们高中同学调侃，甚至成为每次同学聚会都要讨论一番的谈资。

某天在一次同学聚会上，大家又提起了小白，只是这次她却不再是被调侃的对象了。

一个和她要好的同学把她的近况发到班级群里，我们竟意外发现了脱胎换骨的小白。

照片中，她和几位外国人同在一个特殊教育学术交流的讲台上领奖，她还是一如既往地穿着朴实、洗得泛白但却异常整洁的深蓝短袖西服，不过她脸上洋溢着的自信却是那样地感染人，她身材依旧矮小，气场却明显增强。

我几乎完全认不出她了。

另一张照片是她和学生们的合影，她被学生们围在中间，虽然有好多学生都看不见光明，听不见声音，但我看到，每一个学生脸上的笑容都是那样发自肺腑的真诚透明和动人心弦。

她确实打动了我们。

后来得知，这两年来她一边工作，一边利用业余时间刻苦学习，通过努力，考上了北京的一所高校半工半读，还成功拿到了研究生学历，虽然她不是我们之中最聪明的，但却是最刻苦勤奋的。

她的勤奋最终也得到了回报。她已经发表了数篇专业论文，并多次去外国参加特殊教育的经验交流会。听同学八卦，她还找了个志同道合的外籍男友，明年就要结婚了。

讲完这些，我向表妹坦言，你知道我从来不看你的朋友圈吗？

她忽闪着充满疑问的大眼睛问：啊？为什么呀？

我说，你的朋友圈，十个里面有九个是臭美的自拍，而且一律是放大了眼睛、磨白了皮肤的美图秀秀，不是横着拍，就是竖着拍，不是拍拍大白脚丫，就是拍拍涂满指甲油的手指，今天感冒发烧了难受要拍，明天吃个泡面装可怜也要拍，你以为别人真的在意你的感受吗？

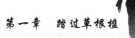

如果你毕业至今，从没有完整地读过一本书，如果你每天花两三个小时去化妆，每天的主要工作就是摆拍然后发发朋友圈，活在别人的点赞里，而从来没有想过如何提升自己的内在修养，或者去学一门谋生的技能，那么，你做什么都很难取得大成功。

我一口气说完这些，她沉默着不再说话，我不知道她是否真的听得进去。

网络可以忍受 PS 过的照片，生活却不会容忍你长久地自欺欺人。我们最后过上的，都是与自己付出相对等的生活。

好了，起点篇就说这么多吧，祝愿每一个寒门子弟都能打好人生第一战，取得不俗战绩。

最后一句话与诸君共勉：

> 宁负白头翁，莫欺少年穷。
> 学习勤用功，否则一场空。

第二章 修得人生技

为自己营造阳光气场

第一节　何为微环境

在世界上，每一个人都是一个独立的个体。

每一个人都有自己与众不同的出身，有不同的父母和亲朋好友，有不同的人生经历，有不同的思想。而每一个人又都是以自我为中心的，小时候，我们甚至都会天真地以为，身边的人都是围着我来转的。

对每一个人而言，在以他为圆点的中心里，他就是独一无二的重心。如果把每一个人独特的生活圈比作一个个的王国，那么每一个人都是自己王国的国王。

每一个人不同的朋友圈和经历都会形成他自己独特的微环境。所不同的是，有的人交际广阔，有的人交际狭窄，形象地说就是每个人所管辖的领地范围各不相同，风土人情也各异，这就是微环境。

生活中，我们每个人都顶着不同的微环境在生活，也就是每个人有各自的"气场"。有的让人如沐春风，有的让人不可理喻，有的让人暖心亲切，有的充满暴戾狂傲，有的蓄满阳光向上，有的满是颓废低迷……

一个人从呱呱坠地开始，他的微环境通常只局限于他的父母、爷爷、奶奶以及他身边所看见听到的一切，而随着不断的成长，经历丰富，朋友圈的扩大，他的微环境范围也越来越宽广，直至他事业稳定，交际圈基本成形，他的微环境也差不多定型。

微环境是与生俱来的，当你出生时，他就伴随你而生，也如同初生的婴儿一样弱小，需要不断去打造和淬炼，就如同一个国家需要治理一样。

而你，就是自己微环境的主宰，你要不断地去锤炼去锻造自己，改变自己不断适应周围的一切。

就如同修仙小说里不断修炼一样：努力去培养高贵的品格，摒弃卑鄙、怯懦，去学习如何善待世人，摒弃自私自利……

如果你能将你的微环境打造成一个小而精、美而实的小圈子，让快乐阳光充斥其间，给每一个接触你的人如沐春风之感，你就是"一代明君"。

反之，如果你对自己的微环境不善加引导，任凭偷窃、懒惰、酗酒、赌博、颓废、暴饮暴食、耍小聪明、嫉妒等恶习蔓延，你的微环境将是一团糟，人人都将避而远之，而你的人生可以预见将是一出悲情剧或者苦情戏。

打造微环境如同治理国家，王国成什么样子，作为国王，你是要负主要责任的。

正如同历史上有举世闻名的一代英主，也有遗臭万年的变态暴君一样，同样生而为人，有的人让人慕名敬仰，有的人如同过街臭鼠，这就是微环境的不同。

可以说，人和人之间之所以会发生各种各样的矛盾，其实就是各个不同的微环境在碰撞摩擦。有时候仅仅是一句简单的口角，不同的价值观念，不同的利益诉求，就会导致两个微环境之间产生摩擦对抗，激烈一点甚至上升到互相动手、流血冲突。

如同两个国家会产生领土纷争、利益纷争，然后互相强烈谴责，进而出现军事对抗一样，这都是稀松平常的事。

俗话说得好，活到老学到老。

人不断学习的过程，其实就是一个在不断锤炼自己微环境的过程，一个学会如何做人做事的过程。

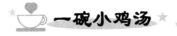

学会笑着迎接一切

最近，网上都在热议 29 岁的博士生杨宝德之死。

杨宝德，和我们无数草根学子一样，家中清贫，他来自湖北一个农村家庭，是家中唯一一个大学生。父母在外地打杂工，家里还有一个哥哥、一个姐姐。因为知道家里负担重，他从读大学起，除了学费外，基本没找家里要过钱。本科时，他还在宿舍开过小卖部，给人修过电脑，暑假做过销售。考上研究生后，同学在食堂碰见他，总是看见他吃 3 块 5 一碗的面条。中考成绩优秀的他，放弃了公立高中，选择了一所免除学杂费的私立学校，这也导致他高考成绩不理想，只考上了一所三本院校。读本科时，他最重要的目标就是考研，去一个更好的学校。为此从大三下学期开始，他每天泡在图书馆。功夫不负有心人，他顺利考上了西安交通大学研究生，硕士两年，他共发表了 3 篇论文，其中一篇还是 SCI 核心期刊论文。在研二时他成功硕转博，成为一名药理学博士生。

然而，这样一名高学历人才，却选择在圣诞节的那天走向了死亡。

当然，逝者已矣，我们不该妄议，只是觉得作为一名好不容易从草根到精英的博士生，如此早逝殊为可惜。

他曾对之前的硕士生导师发了一条长短信："自从转了导师，每天都活在痛苦之中，本来性格并不开朗的我开始变得沉默抑郁。

第二章　修得人生技

本来就不善于与人打交道的我开始变得恨不得每天谁也不见。我不会拒绝人，基本上老师让我干的所有的合理的不合理的事我都去干了。对于科研我抓不住重点，总在取舍之间摇摆不定。我喜欢帮助人，基本别人开口了需要帮忙的不需要帮忙的我都帮了，这导致我很大一部分时间在做无用功，得到的是我自己的事一事无成。"

悲剧的导火索正是研二时，杨宝德选择了硕博连读，但当时的硕导没有带博士的资格，于是便将他介绍给了一位姓周的教授。根据现在公开的微信记录，周教授经常要求杨宝德做许多超出学术范围之外的事情，比如浇花、打扫办公室、拎包、拿水、去停车场接她、陪她逛超市、陪她去家中装窗帘、替她应酬挡酒，等等。在周教授的驱使之下，杨宝德成了导师的小工、廉价劳动力。

据传杨宝德不止一次轻生，之前有一次，他去帮以前的硕导写了点东西，被周教授知道后批评了一顿。当天晚上他独自走到秦岭山区，几次试图自杀但没有成功。

就在自杀前的一段时间，周教授曾答应过杨宝德出国留学的事，那段时间他觉得未来又有了希望。他很高兴，想考个英语资格证，然而在一次实验结束后，却因学英语而被周老师批评，这让他觉得周老师可能不会放他出国。

三天之后，杨宝德在灞河中结束了自己年轻的生命。

杨宝德曾说：人生无趣，希望渺茫。

作为一名经历过无数苦难，忍受了十多年寒窗苦读，好不容易才熬到博士的草根学子，我们不能说他的承受力不足，真正折磨杨宝德，导致他轻生的其实是他自己的心结。他错误地认为，一旦博士毕不了业，最终连硕士学位也没有，只能有一个三本的本科学历，那么以前所有的努力都白费了，同时又终日沉浸在导师的繁杂琐事之中郁郁寡欢，难以排遣，种种抑郁最终导致他走上了不归路。

诚然，读书确实是所有草根学子摆脱命运主要的途径之一，然而，我们往往容易忽略的是，读书仅仅是我们要掌握的最初技能之一，并不是人生的所有，会读书，仅仅是给你一份摆脱草根，进阶的敲门砖而已，只是草根学子修炼的最基础的法门，如果你人生其他的技能修炼不到家，再厉害你也不一定过得好这一生。快乐痛苦都会过去，而平淡的生活才是全部。当遭遇困境的时候，能在困境里依然勇敢地活着，往往需要莫大的勇气。

我大学时有一个同学，我很崇拜他，要知道，像我们那群在人大里的学子，无一不是当地高考的佼佼者，基本上是谁都不服气谁的，要说崇拜更是难了。

他来自河南农村，同样也是草根子弟，他给我最深刻的印象是大学刚开学的第一天，他头天就提前来到了学校，第二天一大早就在报到的操场上候着，帮助新来报到的同学搬行李，当然，我的床铺也是他帮忙整理的。仍然清晰地记得当时为了节约路费，我自己一个人从云南到北京，没有让家里人陪伴，坐了三天两夜的火车，来到偌大陌生的北京时，心里也是有点忐忑的，但是在看到他忙得满头大汗，还咧着嘴，漏出一口大白牙对着我笑时，这一丝的不安已烟消云散。

我知道，有他在，大学不会寂寞了。

后来的大学四年，他用他的阳光感染了我，也温暖了我们班的所有人。

课间休息，我们忙着聊天吹牛，他会默默去讲台上为老师的茶杯添上水；冬天，我们躲在被窝里联网打游戏时，他默默去楼下帮我们打开水；春节过年回家前，他拿着一大把身份证，在凛冽的冬风里整夜排队买火车票；平时周末，他还要去学校图书馆勤工俭学。哪一个同学的生日到了，他总是第一个提醒我们，大家凑份子去吃一顿大餐；哪一个同学生病了，第二天总是能在桌上看到他买的药。他如同春风一样，和煦而温暖，对我们每一个人都无微不至。而他所做的一切又发乎于心，让人丝毫不觉得做作。

当时，年轻气盛的我们，是谁也不服谁的，唯独他，我们都是打心底喜欢不已，大四的时候他就被推荐公派留学了。

我曾经去过他家一次，他的父亲是一名清贫的乡村代课教师，母亲是一名通情达理的普通农村妇女。从二老的身上，我看到了他的影子，怪不得能培养出这么优秀的孩子。

一年有四季，而他却永远是笑着的。看到他，仿佛没有了冬天。

我曾经问他，你怎么天天都那么开心呢？

他说，作为他们村子里唯一考上人大的学生，他是全村人的骄傲，他是最幸运的。要知道，他们河南是全国高考竞争最激烈的地方，每年都有差不多80万人参加高考，他是最幸运的八十万分之一了，一想到这里，什么烦心的事都烟消云散了。

没有人能做到让所有人都喜欢，但他绝对做到了极致。

他读书同样厉害，但是这一点并不值得大书特书，因为这样的人满大街都是。真正厉害的是会读书的他在为人处世方面同样厉害。"不怕学霸会读书，就怕学霸会做人"，正是在他的身上，我摸索出了微环境的相处之道。

后来，我毕业后分到边远的农村工作，美其名曰支援西部大开发。有一段时间我很沉沦，我以为从北京到云南，生活节凑会很慢很慢，至少应该很惬意才对，没想到忙起来让我差点吐血：每天下午6点下班后，简单吃过晚饭就要去农村里催收贷款，还要随身带着打狗棒，应付冷不丁杀出来的野狗，晚上10点以后才能收工，累了一天一觉到天亮，第二天睁开眼周而复始，基本没有周末休息一说。记得当时，我女朋友还在外地，我却从来没有时间去看她，每次她周末来看我，我还要带着她一起下乡。同时，还要应付能让你辣出眼泪的自烤酒。当地的农户个个都是大酒量，如果你不喝，在民族地区他会觉得你看不起他，你连门都进不了，工作更是难以开展。

好不容易寒窗苦读十余载，本以为好日子来了，没想到从一个辛苦的泥潭到了另外一个泥潭，放眼望去都是漫无边际的苦水。

开始工作的那段时间，我一度觉得看不到边。有一次，我写邮件向他大吐苦水，当时他已经在美国了。

他立刻回复了我：兄弟，你就知足吧，酒虽然辣点，至少你还能大鱼大肉，哥哥我天天吃老坛酸菜方便面都要吐了。而且你老早就有女朋友了，我都一大把年纪了，接触频率最多的女人就是辣椒酱上的"老干妈"啊。

他还是一如既往地充满阳光。后来，他每隔一周就会发邮件给我，询问我的近况，又说一说他在美国的"水深火热"。不知不觉，在他的感染下，我竟然奇迹般地熬过了"痛苦"的三年，现在回想起来，这段艰苦的农村岁月，竟然是最让我回味无穷的。

无论多么快乐，时间都会过去；无论多么痛苦，生活都将继续。哪怕是再大的绝望，熬过了也就过了。就像生孩子一样，阵痛之后往往会收获甜蜜的幸福。

第二节　细嗅蔷薇，洞彻人情

如何锤炼各自的微环境，仁者见仁，智者见智，是一门值得

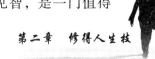

第二章　修得人生技

深究的课题，但既然叫做微环境，那么细节就显得尤为重要。

不要说什么你不拘小节，只掌握宏观，你还达不到那个境界，那是大人物干的事，而且不拘小节也是大人物出名之后粉刷自己的噱头而已，他在籍籍无名之时，无不是从细微处着手，方得成就大业。

有一首民谣是这么唱的：丢失一个钉子，坏了一只蹄铁；坏了一只蹄铁，折了一匹战马；折了一匹战马，伤了一位骑士；伤了一位骑士，输了一场战斗；输了一场战斗，亡了一个帝国。

"千里之堤，溃于蚁穴"并不是危言耸听，而是确实存在的。

20世纪70年代以来，广东清远溃堤13条，塌坝9座，查实其中有9条堤围和5座大坝是土白蚁为害的结果；1986年7月广东梅州市发生新中国成立以来特大水灾，梅江决堤62条，其中土白蚁造成的缺口多达55个；1981年9月广东阳江市境内的漠阳堤段出现18个缺口，其中查实有6个是土白蚁为害所致。

由此看来，白蚁确实可以造成长堤溃决，任何麻痹和对细节的忽视都会带来难以想象的后果。

我高中是在建水一中念的书，我们学校相当漂亮，有全国第二大的文庙，有书山，有学海，而给我印象最深刻的却是学校厕所墙上的一行醒目的大字：一屋不扫，何以扫天下。

诚然，这则标语挂的位置有点不雅，但这句话一直到今天仍让我振聋发聩。

换句话说，如果你连自己的微环境都打理不好，别人如何会喜欢你，机会如何会垂青于你？

小到职场之中，别人的一个眼神，你要看懂内在含义；领导的一句无心的话，你要学会揣摩出内容。真正的人精，哪怕是随便看人一眼，他都能把人看个通透明白。

就像金庸小说《鹿鼎记》里的韦小宝一样，别人甚至一皱眉头，一抹鼻子，他都能猜出别人在想什么。

当然，要活成这样的人精，需要丰富的人生阅历来沉淀，也非一朝一夕之功。在日常生活之中，我们就要超脱出来，注意多看、多听、多学，如同当下热播的各类谍战剧一样，要随时从别人的一言一行、一举一动中看到不同寻常。

当然，生活不会像谍战片一样危机四伏，但是也充满了勾心斗角，职场有时候也是没有硝烟的战场，切不可大大咧咧，我行我素，被同事厌恶还自我感觉良好，被人卖了还不自知。

日本历史上有一位靠"三碗茶"成就一代名将的故事，说的是日本历史上的著名将军石田，他在未成名之前在观音寺谋生。有一天，幕府将军丰臣秀吉口渴到寺中求茶，石田热情地接待了他。在倒茶时，石田奉上的第一杯茶是大碗的温茶，第二杯是中碗稍热的茶，当丰臣秀吉要第三杯时，他却奉上一小碗热茶。

丰臣秀吉不解其意，石田解释说：这第一杯大碗温茶是为解渴的，所以温度要适当，量也要大；第二杯是中碗的热茶，是因为已经喝了一大碗不会太渴了，稍带有品茗之意，所以温度要稍热，量也要小些；第三杯，则不为解渴，纯粹是为了品茗，所以要奉上小碗的热茶。

丰臣秀吉被石田的体贴入微深深打动，于是将其选在自己幕下，石田得以成为一代名将。

石田的故事告诉我们：机会隐藏在细节之中。当然，你做好了这些细节，未必能够遇到如此平步青云的机会；但如果你不做，你就永远也不会有这样的机会。

于细微处见文章

大家都知道，对很多单位而言，办公室主任都是很难干的一个职位，尤其是银行的办公室主任，既要精通办公室办文流程、会议组织等，更重要的还要擅长接待，说直白一些，就是要吃喝玩乐、衣食住行样样精通，更重要的一点是，办公室主任一般都是比较受高层领导器重的人，所以一旦领导更替，新领导人事调整的时候，往往最先"开刀"的就是办公室主任。所以说，办公室主任是一个很重要，同时又是最吃力不讨好的角色。

我在银行干过一段时间的稽核审计，也有机会到处出差检查，因为工作的原因接触过形形色色的银行办公室主任，唯有其中一人让我印象深刻，说是印象深刻，是因为他已经干这个职位差不多10年了，而期间行长连续换了有4届了，唯独他还稳坐这个位置，可以说是流水的行长，铁打的办公室主任。

这在银行体系内是非常少见的，于是我开始关注他，关注为什么这么多行长更替交叠，却都一如既往地重视他。

他姓刘，姑且叫他刘主任。

有一次例行检查，我作为检查组的一员到他们县进行检查。因为年纪轻、资历浅，所以我负责检查组的联络工作。

还没有出发的头天晚上，我就接到了他的电话，询问我第二天检查组的行程路线以及饮食偏好，是否有回族同志等。因为只是例行检查，检查组中也没有多大的领导，我还开玩笑说，不用这么紧张，没有那么多忌讳。

他笑笑说，习惯了。

第二天一大早，我们检查组驱车前往该县，一下高速，在出口处就遇到了早早前来等候的刘主任。

我有点小感动。

检查组同行的一位老同志说，这个县我们来过好多次了，其实也算是半个本地人了，但每次过来，无论刮风下雨，刘主任都会提前来路口接人。

把我们带到工作地方后，刘主任把我们检查组一行的酒店房卡递给我，说道："这是酒店的房卡，我已经提前换好了。"

我接过来细细一看，发现每个房卡的左下角都拿铅笔写着一个淡淡的字，是我们检查组的每个人的姓氏。

他看我不解，解释道："我已经提前帮你们分好房卡了，放心吧，每间房我都提前去看过，都是靠内院的，一点不吵。"

我问道："每个房间你都提前去看过？"

他笑笑："职业习惯了。"

我不禁动容，一个人竟能细心到如此地步！

不得不承认，刘主任对细节的重视确实触动了我。

检查期间，每天他都会为我们准备新鲜的当地特色水果，并主动询问我第二天的工作计划，有没有需要配合的地方，一来是表示对检查的重视，二来是好提前向他们行长汇报工作进展。

我想办公室主任做到这个地步，也算是炉火纯青了，怪不得行长更换了好几个，却都无一例外地重用于他。

再后来，即使检查结束了，但每逢过年过节，他都会给我打个电话或者发个短信，进行节日问候，每年都没有落下。

我想这样的办公室主任，即使在哪一个单位，都无一例外会被重用。

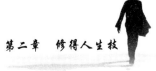

第三节　一技傍身不愁吃穿

每个人都拥有各自独立的微环境，而全球人口 74 亿。如果每一个人的微环境都是一个圈圈的话，74 亿人口，74 亿圈圈，也就是说世界上每时每刻都有数不清的微环境在互相交织。

企业家靠管理才华出名，明星靠颜值和演技出众，运动健儿靠拼搏成名，文人靠观点制胜……这些人都是在某一方面有过人之处，而且是远远地超越了大部分人，所以他们的微环境相当亮眼。

就像匈奴出宝马，精绝国出美女一样，在数不清的小国之中，只有具有显著特征的国家，才能举世闻名。

然而名人毕竟是少数，大部分人都会泯然众人，活动范围终其一生只会局限在一个城市、一个小县城，甚者是一个小单位。

但哪怕一个小单位，也是有几十上百号的人，也就有上百个微环境，百舸争流千帆竞，如果你不想一辈子沉沦，那要如何才能凸显出来呢？

这时，培养一项出众的兴趣爱好就显得尤为重要。

要培养什么样的爱好呢？对普通人来讲，爱好无外乎一文一武。

文者，诸如文笔好，能唱会跳，绘画、摄影、演讲、声乐、琴棋书画，等等；

武者，擅长诸如网球、足球、羽毛球、乒乓球、排球、游泳、跑步等各类运动。

当然，如果你能力强，能文能武更好，能同时擅长十八般武艺最佳，但务必要精通一项，不求专业，但至少要比你身边大部分人略强。

　　有一技强身，不仅能培养你的自信、号召力和影响力，关键是能让你身边的人、身边的领导快速记住你。

　　比如说单位要举办运动会，如果你平时篮球打得好，第一时间就会想到你；再比如说，单位有一项重要的方案急着赶出来，如果你文笔好，领导第一时间也会想起你。这时，你就比一般人拥有了更多的机会。

　　一旦提到你，都知道某某某什么什么做得好，这时你就拥有一项闪亮的标签。

　　就像提到普洱，大部分人都知道普洱茶；提到杭州，都会想到西湖……而有的城市哪怕占地面积再大，却鲜有人知。

　　就我个人而言，我平时喜好看小说，看得多了文笔自然就比一般人略强一点，对于身高不占优势、长相也不出众的我来说，就这唯一的一点强项，让我工作后顺风顺水，首先单位举办各类征文活动会想到我，领导的讲话稿会想起我，年度工作总结会交给我，这一技强身，确实为我的工作增色不少。

　　每一个人，每一个微环境，恰如一个个国度和城市，如果没有明显的标签，终其一生，哪怕是偏安一隅也注定籍籍无名。

一碗小鸡汤

诗仙李白和乐坛鬼才

李白，字太白，号青莲居士，是唐朝乃至中国历史上最伟大的诗人。他一生创作诗歌1000余首，很多都是脍炙人口的名词佳句。他的诗雄奇豪放，把我国古代的诗歌创作推向了高潮，有"李白斗酒诗百篇"的美誉，被后人尊为"诗仙"。因为擅长写诗，他得到了最高当权者的征召，唐玄宗成为了他的超级"粉丝"，在玄宗的推荐下，他到永王麾下做了江淮兵马都督从事。在他最辉煌的时候，他醉酒作诗，让贵妃研墨，力士脱靴，不过也正是这种狂放不羁，加之时运不济，导致他政治生涯并不顺利，当然这是后话。关于他的生平不再赘述，诗仙李白因为这一特长得以顺利入仕，并得到众多人的青睐，收获了一大票忠实粉丝。

但我们要知道，李白并非一生下来就会妙笔生花，吟诗作对，而是付出了常人难以想象的努力，才掌握了那震烁古今的"一技之长"。

关于他，有这样一个故事：

李白小时候是一个非常贪玩的孩子，有一天他不好好上学，逃学到河边玩耍，正巧碰到一个老婆婆拿着一根很粗的铁棒在石头上磨来磨去。

小李白好奇地问："老婆婆，您磨这根铁棒干什么呀？"

老婆婆回答："我要把它磨成一根绣花针，用来缝补衣服啊。"

小李白惊奇地说："那可能吗？铁棒这么粗，你要磨到猴年马月才能磨成绣花针啊?"

老婆婆满怀自信地说:"孩子,只要用心去磨,总有一天会把它磨成针的。"

李白听了老婆婆的话,内心受到十万点震动,从此以后他刻苦努力,勤修写诗技能,终成一代诗国奇才。这就是耳熟能详的铁杵磨成针的典故。这则故事也告诉我们,一个人必须经过无数血汗、苦泪,忍受常人难以想象的功夫磨砺,方能练就一技之长,也才能如鱼得水,而不是泯然众人。

古代时兴写诗,现在流行音乐,我们再来说说当下的例子。

说起周杰伦,可能年轻人没有不知道的。他是美国"topmusic"评选出的世界十大鬼才音乐人之一,也是唯一入选的亚洲歌手,收获荣誉无数。

但是,年轻时的杰伦,同样和无数出身草根的孩子一样,没钱,没名,没女友。而且因为在单亲家庭长大,他性格沉默孤僻,走起路来更是低着头,他逛街买不起昂贵的东西,家里唯一的收藏品就是母亲买给他的吉他和自己辛苦弹断的一根根琴弦。

他最大的优势就是对音乐的执着和热爱,然而,却在很长一段时间里得不到别人的认可。

他第一次参加选秀节目,评委批评他唱歌口齿不清,第一轮就惨遭淘汰。下台之前,当时坐在评委席上的吴宗宪提出要看看参赛选手写的谱子。吴宗宪发现其他参赛选手谱子都写得乱七八糟,唯独杰伦写得工工整整,干净而整洁,吴宗宪觉得这个小伙子很认真,于是说:"下周来我公司报到。"

那一年,杰伦18岁,他还是一无所有,只有对音乐一心一意的执着和一丝不苟的认真。

在吴宗宪的公司,杰伦遇到了同样怀才不遇的填词人方文山,两人一唱一和,共同合作填词谱曲,然而他们辛苦的付出却得不

到认可，他们给当时红极一时的歌手写歌，却没有一首歌被人看上：

写好了《眼泪知道》的歌曲，吴宗宪推荐给刘德华。刘德华轻轻瞟了一眼歌词，摇头说道："眼泪怎么会知道，眼泪要知道什么呢?"

他们为了向李小龙致敬，给张惠妹写了一首《双截棍》，阿妹认为曲风怪异，直接拒绝掉了。

一年过去，依然没有歌手愿意唱他们创作的歌。

直到千禧年的时候，吴宗宪找到杰伦："你这些歌曲，别人不喜欢唱，但是我感觉还不错，那就你自己来唱，如果你三天之内能写出十几首歌，我就从中挑出十首歌，给你出一张专辑。"

杰伦意识到这也许是自己唯一的机会了，一旦错过，自己这辈子的音乐之路很有可能再难有起色。他于是先去买了一整箱的方便面，然后把自己关进工作室里，他足不出户，拼了命的创作歌曲，据传最后写歌写到流鼻血。

十天之后，专辑《Jay》横空出世，当年在台湾竟出人意料地拿下了50万张的销量。杰伦红了，杰伦的名字迅速传遍了大江南北，他和方文山也成了绝配的搭档。

周杰伦清晰地认识到自己所擅长的就是音乐，所以他从不花费时间去做跟音乐无关的事。正如他成名之后，受邀北京大学百年讲堂时所说：一个厉害的人、不平凡的人，书不一定要读得多好，但是一定要有一技之长。

同样的道理，你可以不帅，不漂亮，可以没钱，可以不善言辞，可以出身贫寒，甚至可以不聪明，但是一定要有一技之长，没有一技之长，比找不到女朋友痛苦百倍!

古语有言，学而优则仕。学而优也是一门一技之长，而在现如今社会中，特长的范围大大拓宽，除了学习外，各行各业只要你有特长，都能凸显出来。三百六十行，行行出状元，说的正是这个道理。

我们单位去年新招了一名大学生员工小罗，按照惯例，新进员工一般都要"发配"到乡镇网点坐柜台，美其名曰"上山下乡锻炼"，少说要在乡镇上熬个三年五载。

但是，小罗有一个出众的特长，就是特别擅长文艺汇演。每年，全省、全市的银行系统都要组织文艺汇演，春节、五四青年节、建军节、国庆节等，歌唱比赛、舞蹈比赛、朗诵比赛层出不穷，以前单位没有特别出彩的文艺骨干，这对领导而言是一件相当头疼的事。

小罗的到来恰恰解决了单位这一短板。单位每次舞蹈、歌唱比赛都派他参加，除了能唱会跳外，尤其是他还能说会道，今年代表单位参加全省朗诵比赛，还得了一等奖，这对单位而言是破天荒的头一遭。渐渐的，小罗的知名度越来越高，单位每次举办公开活动，都离不开他的主持。

我们单位上下差不多一千多人，而且分布在各个乡镇上，连中层干部这一级的职工，领导都叫不全名字，更不要说像小罗这样的新员工了。

但是因为这一特长，小罗的知名度迅速打开，加上他为人谦虚，大家都喜欢他。

今年，刚好有一个机会，全市银行系统选派一人到团委挂职副书记，在公推的环节，小罗得票遥遥领先，在上党委会讨论的时候，党委领导说起他，都会心一笑，大家都对他印象深刻，无一例外地投票通过。

相信今后他的路会越来越宽，培养一技之长的重要性可见一斑。

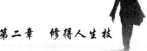

第二章　修得人生技

第四节　养成温和的脾气

有人说，人可以分为四等：

一等人是有本事、好脾气的人；

二等人是有本事、坏脾气的人；

三等人是没本事、好脾气的人；

四等人是没本事、坏脾气的人。

我觉得说得很有道理。当然，有没有本事，本事可大可小，这里不再赘论。我要说的是，在这个排名里，有没有好的脾气也是至关重要的，至少好的脾气能让你等级上升一个层次。

这里所说的坏脾气是广义的范围，不仅仅是指性格暴戾，还有各种诸如酗酒、家暴、赌博、自虐等坏毛病、坏习惯。

现实生活之中，大部分家庭不睦、对父母妻儿朋友不友善者，大都沦为第四等人，而大部分彬彬有礼、待人和善者即使不能大富大贵、出人头地，无不是在当地小有名气、小有成就，家庭和睦和美之人。

当然，人不应该被人为地划分等级。但是这个戏谑的分类却给我们很多重要的信息。

谦逊是一种美德，如果你的微环境是一种彬彬有礼的、谦逊的、和蔼的，那么你的微环境也是一种充满魅力的、吸引人的，就容易有贵人相助。

反之，如果你的微环境充满了暴戾、厌世、悲观、颓废，那么好的东西都会远离你。物以类聚，久而久之，留在你身边的同样是暴戾、颓废。

我见过很多大人物，也注意观察过他们，我发现，越高贵的人其实越注意个人修养，哪怕是对一个社会下层的保安、清洁工，他们都会彬彬有礼。而越是社会底层，尤其是稍稍有一点财富的人，越是不可一世、狂傲无礼。这种人，以为自己是天王老子，实际上是最可怜卑微的小人物。

培养温和的脾气，切不可恃才傲物、不可一世。当然也不是让你唯唯诺诺，做一个老好人，遇到事情畏首畏尾、战战兢兢。

培养温和的脾气，是让你做一个谦谦君子，既不争蝇头小利、也不点头哈腰，待人温煦和善、处世宠辱不惊，说白了就是培养你的教养。

就像一个硬币有两面。

温和谦虚，不代表唯唯诺诺、毫无脾气，而是面对一些无意义的意气之争，要学会保存有用之身，避免发生"一句话引发的血案"。但是如果你一点脾气都没有，那么很容易被人轻视。

最高明的人物往往是掌控脾气的人，而不是沦为脾气的奴隶，他们运用脾气的艺术达到了炉火纯青的地步。该温和的时候，是谦谦君子；该发威时，犹如雷霆之势。脾气在他们手中，就像内功一样收放自如。

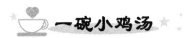
一碗小鸡汤

脾气的艺术

我很少看言情电视剧，因为大部分一看开头，基本就能猜到

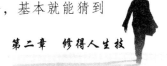

结尾，外加无聊的对白。昨天被爱人强拉看了一天的韩剧，有一个故事情节逗笑了我：温柔多金的高富帅总裁突然对着下属发了通邪火，下属们噤若寒蝉。而他发火的原因，只是因为他那个漂亮的女朋友莫名其妙闹了情绪。

电视剧终究是电视剧，演员终究是演员。

其实，现实生活中，聪明有涵养的人，除非根本就不在意自己的形象和事业，否则是不会随便生气发火的。甚至说，他们的每一次发火，都是事先计划好了的，有一定的目的，发火是他们处理问题的一种形式，而不仅仅只是为了发泄情绪。

我在银行接触过很多行长、高级管理人员，他们各有各的特点，但有一点是相同的，他们之中很少有人是脾气火爆、胡乱发火的人。

其中有一位胡姓行长让我印象深刻，他刚刚30岁出头，就已经是分行的行长，掌管一个县市，在我们年轻一辈之中是佼佼者。

他平时总是笑眯眯的，对人也是和蔼可亲，我一直以为他是永远不会发火的那类人。

直到有一次，我去他办公室，刚好看到他对一名下属大发雷霆，疾言厉色指责她。

下属是他们的业务发展部经理，还是一位女同志，直接被他骂哭了。

原来他交代业务部经理去向总部咨询如何开通代理贵金属业务，这对该行而言还是一项新兴业务，可经理觉得这种业务在小地方市场前景也不广阔，所以只是向其他人随便问了几句，就来和他汇报暂时还做不了，这才有了开始的一幕。

骂过之后，他突然又软语温言，耐心地对这位经理说："这项业务暂时是没有多少客户，但是每一项业务在开拓前都是从无到有的，不能因为一开始市场前景差，我们就放弃，这样我们永远和其他先进的商业银行有差距，只要客户有需求，哪怕人再少，我们也要尽量去满足。"

后来，我听说，从那件事之后，他们行的部门经理从没有人敢耍小聪明蒙骗于他，做业务也是说一是一，说二是二，就连资格老的经理们也都规规矩矩，没有因为他年纪轻而有所轻视。今年他们行的业绩一下从倒数上升到了全市第2名。

我看出来了，他连发火都是"有预谋"的。

还有一次，我同他陪一个客户吃饭，席间客户闲聊时无意中提起，他们某一个网点的员工工作效率不高，他都连续跑三次了，业务还是没有办成。

没想到，胡行长听后连饭都不吃了，直接通知办公室主任紧急召开干部职工大会。

客户连忙说："没什么大不了的，我们两个的关系这么铁，我会在乎这些小事吗？"

胡行长说道："我们两个的关系是不用在乎这些，我在乎的是连你这样的优质客户去办业务都这样，那其他客户去办业务岂不是更难办，要知道客户是我们银行的生命线呀！"

胡行长紧急召开了干部职工大会，不出意外，他在大会上"有预谋"地大发雷霆，没有点名地指出有些职工服务意识差，同时强调了客户的重要性。

会后不久，他就从上海请了一家咨询培训公司，举办了为期半年的以客户为中心的专题岗位培训，当年还专门把客户满意度列入年度考核目标。

我想，胡行长已经把脾气这门艺术修炼到了炉火纯青的地步，别看他平时温文尔雅，但是一旦遇到不发火解决不了的事情，比如说，下属耍小聪明蒙骗，或者其他单位对接人员故意使绊子，加大工作量和工作难度。对方的错误太明显，确定能一击即中，

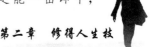

且下次不会再犯，他就果断发动雷霆一击。

无论在职场，还是生活之中，运用得当，你就能如鱼得水。

这就是发脾气的艺术和魅力所在。

第三章　百折绕指柔

化矛盾为成功的助力

第一节　学会主动道歉，是最高级的修养

人与人相处，发生矛盾是不可避免的。上文已经提过，每个人都是一个个独立的微环境，成千上万个微环境互相交织，发生碰撞在所难免。

有时会因为一句口角争执，有时会因为工作分配互相埋怨，有时甚至一言不合动起手来。矛盾的表现形式多种多样，但有一样是相同的，那就是会伤了和气。

一旦发生矛盾，如果错误很明显在对方，那当然另当别论。但是如果明显是自己理亏的话，矛盾过后，很多人都会担忧，会懊丧。心想他会不会对我有看法，他的心里肯定恨透我了。尤其是参加工作后，与领导发生矛盾，更会让你惴惴不安，领导会不会给我小鞋穿？（当然也有心宽体胖的，管别人对我怎么看，只要我自己吃好喝好就好，这种人心态已经逆天了，不在我们的讨论范围之内。）

一个人从呱呱坠地，到长大成人，再到生老病死，要同形形色色的人打交道，也注定要发生无数的矛盾，矛盾是谁都不想遇到的，但是又是谁都无法回避的。没有人能不犯错，不与人发生矛盾，平平顺顺过一生。

如果与人发生矛盾，并且过错一方还在于你，诚然这是谁都不愿意遇到的。但是一旦发生了，我们也没有必要沉溺于痛苦懊悔之中，坦然面对、积极应对，说不定能化矛盾为成功的助力。

人非圣贤孰能无过，过而改之善莫大焉。

有时，矛盾更是机遇。

一旦发生矛盾，不要害怕担忧。矛盾就像树叶的两面，它除了有坏的一面，就是损坏你的人际关系外，你也要看到好的一面，如果矛盾处理得当，能让人对你记忆深刻，拉近与你发生矛盾的人的关系，进而获得对方认可，你的"微环境"也就凸显出来了，这就是化矛盾为机遇，福祸互转。

当然，说起来不难，做起来未必就容易，那如何成为一位处理矛盾的大师呢？

其实很多时候只要能主动多说一句对不起，就能化解生活中百分之九十以上的矛盾。对于我们大部分人而言，交际圈无外乎生活、工作两个方面。

在生活中，夫妻之间、父子之间、朋友之间、兄弟姐妹之间、邻里之间、陌生人之间，发生摩擦在所难免。一旦你细心观察就会发现，如果在养成了道歉的氛围的家庭之中，或者家庭之中有一个善于道歉的人存在，这样的家庭大多和和美美、幸福美满。反之，如果家庭里都是些争一时小利、咽不下那口气的人存在，这样的家庭大都父子反目、兄弟成仇。

在生活中，犯了错误就要道歉，说起来简单，但是真正能做到的不多。大多数人会放不下面子、咽不下那口气，于是乎，鸡毛蒜皮的矛盾也会造成老死不相往来的鸿沟，长年累月最终不可化解。

主动说一句对不起，这是聪明的人、有大智慧的人才能做出的事，有时候即使是对方的错误，聪明的人也会主动从自己身上找问题，主动去道歉，往往能取得意想不到的效果。

主动道歉，是人生最高级的修养。

除了生活中，工作中是发生矛盾最为集中的地方。一旦你步入职场，就会发现，在工作中出现了错误，没能正确地认识到道歉的重要性，大胆地表达歉意，往往会带来不必要的矛盾和麻烦。很多人会难以说出口，或是沉默不语，或是一味掩盖，甚至抵赖不认账。

道歉其实比我们想象中容易得多，它是一种承认错误的态度，也是一种愿意承担责任的行为。与其等别人提出批评、指责，还不如主动认错道歉，这样更易于获得谅解和宽容。凡是坚信自己一贯正确，发生争端总是武断地指责对方，从不认错、道歉的人，很难交到真心的朋友，或是难以在职场中有较好的人际关系。甚至，有些职场新人有错就千方百计抵赖，这是不理智的行为，非但不能化解矛盾，还会让同事和领导失去好感。

生活之中，因为人和人都比较随意，所以道歉可以简单随意一些，道歉往往都能成功化解矛盾。

但是无论工作还是生活，道歉都不仅仅是一句简单的"对不起"，这是一门需要不断察言观色和千锤百炼的学问。

具体可以归纳为三部曲：

第一步，一定要弄清楚错误的根源所在，这是最基本的。

犯了错误，一般人都会感到难堪和尴尬，有的人就会喜欢投机取巧，为他们自己认为的容易得到别人原谅，容易说出口的事情道歉，但往往这些道歉浮于表面，无关痛痒。而且如果受害一方认为你的道歉风马牛不相及，他就会觉得你的道歉不诚恳，那么道歉反而会加剧矛盾。所以，在道歉之前，弄清楚自己犯的是什么错误，这是最基本的事。事事都去道歉，不如闭口不言，避重就轻、南辕北辙的道歉是很难得到别人的谅解。

第二步，要让对方知道你很悔恨，这很重要。

错误发生了，自尊心强的人总会觉得深深地愧疚，坐卧不安、吃饭不香，整日抱有悔恨情绪，而恰恰没有将自己的悔恨传达出去，让对方知道。如果你仅仅只是在自己封闭的微环境里忏悔懊

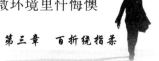

恼，那也只是单方面的事，就算你掏心窝地痛心疾首也是于事无补的。最好的办法是把你的认错、悔恨和担当责任传递出去，巧妙地让对方知道，这样你所做的道歉也就更容易被接受了。

第三步，选择正确的道歉方式，这是最关键的。

道歉的方式可以多种多样，选择也可以不拘一格。不过，要善于选择对你来说比较容易做好的方式进行道歉，而且道歉的态度一定要诚诚恳恳，哪怕有时候看起来很难堪和别扭。因为如果你犯了错误，你越难受，对方越好接受。有时候一个电话、一条短信就可以解释一切；一张纸条、一杯热茶可使前嫌冰释；把一件小礼物放在对方的办公桌上，可以表明悔意；大家不交谈，也可表达心声，这就是所谓的"此时无声胜有声"。

只要发乎于心、用之以情，你的道歉就必定会被对方接受，取得良好的效果。如果你诚挚地道歉，对方还是不依不饶，那么你首先分析是不是你的道歉还不够真诚、不够用心，如果你已经摆出足够的姿态，对方还是不肯原谅，那么你就可以不用放在心上了，因为一个连别人的真诚道歉都容不下的人，本身是没有容人之度的，这种人难成大器、不值一提，那就随他去吧。

有时候，不一定非得是你做错了才去道歉，哪怕是别人错了，你主动去道歉，往往能收到更美妙的效果。

学会主动道歉，是最高贵的品格。

一碗小鸡汤

华沙之跪和持续半个世纪的道歉

德国人是一个相当有特点的民族，其中最著名的一点就是勇

于承认错误并诚恳道歉。

历史上著名的为人所称道的道歉就有很多，比如说著名的"华沙之跪"。

1970 年 12 月 7 日，西德总理维利·勃兰特参观华沙犹太隔离区起义纪念碑，在纪念碑前敬献完花圈后，总理勃兰特突然自发下跪，并且为在二战期间因纳粹德国侵略而被杀害的死难者默哀。

在场的人员都被勃兰特总理的惊世一跪惊得目瞪口呆。作为一个国家的政府首脑，在公开场合下跪，这在世界史上都是少见的。这个出人意外的、未安排在访问日程中的举动，让大家手足无措。

而对饱受战争灾祸的波兰民众来说，这迟来的一跪饱含的意义却非比寻常，波兰民众都被这突如其来的一跪深深感动了。

这饱含歉意的诚挚一跪，从此为德国赢得了深深受过德国纳粹铁蹄蹂躏的欧洲人民的原谅，一改德国人残忍嗜血的屠夫形象。这一跪也成为联邦德国与东欧重归于好的重要里程碑，并为联邦德国在 1973 年 9 月加入联合国铺平了道路。

正如当时评论所说，勃兰特总理没有必要下跪，而他却为那些应该下跪而没有下跪的人，跪下了。

精诚所至，金石为开。当晚，勃兰特与波兰首相共同签署了关于两国关系正常化的纲领性文件——《华沙条约》。

具有划时代意义的华沙之跪也极大地提高了勃兰特总理和德国的外交形象，1971 年勃兰特还因此荣获了诺贝尔和平奖，德国也因为这一跪，开始重回欧洲的怀抱，开启了经济腾飞之路。

道歉与不道歉的差别正在于此，死要面子和主动认错的结果也天差地别，还有一首反讽小诗说得好：

当勃兰特在华沙双膝跪下，

全世界看到一个反差，

第三章　百折绕指柔

跪着的德国总理，

比站着的岛国首相高大。

一经比对，高下立判，某些国家是值得反思的。

除此之外，德国还有著名的持续半个世纪的道歉。

2012年8月底，德国西部城市施托尔贝格为一座名为"生病的孩子"的铜像举行揭幕。铜像造型是一个没有双臂、双腿畸形的小女孩靠在一张椅子上，铜像底座中间写着"纪念那些死去的和幸存的沙利度胺受害者"。

这是德国制药商格兰泰公司因为50年前一次药品失误，向欧洲民众道歉的纪念碑。

事情的起因是这样的，在20世纪60年代，德国制药商格兰泰公司通过对沙利度胺的研究，推出了一种新的镇静剂，主要针对孕妇早期怀孕时出现的恶心、呕吐等妊娠症状。镇静剂一经推出，由于较好的临床实验效果，很快就风靡德国、英国等欧洲国家。

然而，几年过去后，欧洲新生儿的畸形率比过去的10年有了大幅度的增加，经过相关部门调查后发现，原来是格兰泰公司推出的镇静剂里的沙利度胺对灵长类动物有很强的致畸形作用，罪魁祸首就是这种镇静剂。

很快这种镇静剂就被禁止销售。但是此前售出的已经使用的镇静剂已经导致了欧洲近万名婴儿先天畸形，很多婴儿出生后不久即不幸夭折，幸存下来的约2800名婴儿也终生残疾，这次医疗事故造成的后果相当严重。

格兰泰公司没有逃避问题，在主流媒体上进行了长达一个月的公开道歉，同时主动对这些婴儿家庭进行了赔付。1971年，格兰泰公司又投入了2亿马克成立了一个基金会，专门用来赔偿还没有发现的镇静剂受害者，并且在后来的几年里多次追加赔偿基金。为避免其他新药再次出现类似的情况，格兰泰公司和德国药监局进行合作，共同改进了德国新药的市场准入检验制度，防止以后再出现此类错误。

在接下来的每一年里，格兰泰公司都会定期公布新调查出的因沙利度胺镇静剂造成的畸形婴儿的现状，同时发布一年里公司对这些婴儿的赔付情况，并附上诚恳的道歉声明。

2012年夏季，格兰泰公司宣布对20世纪60年代沙利度胺镇静剂的赔付结束。为了永远铭刻这一教训，公司决定在当时首先发现畸形婴儿的城市施托尔贝格建一座雕塑，就是上文提到的一幕。

当时，有记者采访了格兰泰公司的发言人，问道："作为一家盈利的制药企业，为了一个错误而进行长达50年的道歉和赔付有必要吗？"

这位发言人当时是这样回答的："也许50年前的错误是无心之过，可是如果在发现错误后不去改正，就是不可饶恕的罪过。用50年来改正一个错误很有必要，它提醒我们，做药一定要有考虑5年、10年甚至更长时间的觉悟。而这座雕塑的落成，则是我们永远的警示牌。它时刻警示着我们一定要用良心去做药。因为我们面对的是上帝赐予的最宝贵的东西——生命。"

善于道歉的德国人用与众不同的真诚赢得了全世界的尊重。

第二节　尝试总比什么都不做好

每一个人都有本能地追求完美的倾向。

尤其是对待一件新事物，或者开始做一件事，一开始总是踌

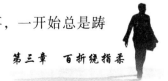

踌躇满志、信誓旦旦，只是到后面被时间风吹雨打后总是会慢慢随波逐流。就像你新买了一部手机，一开始总是呵护备至，一旦摔过几次往往破罐子破摔了。

工作生活之中，我们一开始总是希望把任何一件事情都力求做得完美无瑕，会怀疑自己能力不够做不好而惊慌失措，会担心搞砸了之后身边的人会因此对我们感到失望，不允许自己犯错误，惴惴不安；一旦犯了错，又会不断地责怪自己……

结果，在选择面前总是犹犹豫豫。随着时间的流逝，面对任何新的东西，总是不愿意主动去尝试。

尤其是在职场这个"大染缸"里浸染几年，你会发现身边有很多这种"成熟"的人，有人戏称他们为"老油条"，其实他们是被生活强制催熟的人。

错过总比做错好，这种处世哲学在现实之中很有市场。

确实，不去做就不会犯错，但不去做，就永远不会经历人生的美景。

人生而为人，生活会安排我们各种各样的经历，甚至是难以承受的苦痛挫折，但并不是意味着我们每一天都要一步不错地前行，有时候哪怕犯了错误也很正常，尝遍酸甜苦辣往往更能珍惜幸福滋味。

有时候哪怕犯的错误很幼稚，这也是人生的宝贵财富，就像玩闯关游戏一样，下面一关总比上一关困难，而且充满了未知与不确定，但每过一关都是下一关的经验积累。

不去闯关自然不会犯错，但你却永远停留在人生的第一级。

我们很多时候都把失败和错误想得太严重了。

其实，犯错远没有想象中那样可怕，即使失败也不会死人，如果沉溺于人云亦云和阿Q似的自我安慰，成为被生活的滚锅油炸透的"老油条"，什么都不想、不愿去做才是真正的可怕。

什么都不做确实能确保你不犯一丁点的错误，但是也代表着你轻易放弃了去尝试的机会，成功的概率也降低为零。

所以，要勇敢去尝试，你可以敬畏错误，小心谨慎尽量避免低级错误的发生，但是不能让对错误的恐惧占据心灵，一旦去尝试了，就不要时时刻刻都担心做错了麻烦会找上门。

世界顶尖高尔夫球手博比·琼斯被称为美国高尔夫史上最优秀的业余选手，他是唯一一个赢得高尔夫"年度大满贯"的人（包括美国公开赛、业余赛英国公开赛及业余赛），他在早期打高尔夫时，也总是力求每一次都要完美地挥杆。当他没有打好时，他就常常破口大骂、摔断球杆，甚至愤怒离场，以至于很多球员都不愿意和他一起打球，所以一开始他的球技提高缓慢。

后来，他静下心来思考，渐渐认识到一旦打坏了一杆，这一杆就算完了，必须摈弃杂念，心无旁骛全力去打好下一杆。心态调整之后，他才真正开始赢球。他总结道："要对每一杆有合理的期望，而不是寄望非常完美地挥杆，你会发现自己的表现良好、稳定，如此也就更容易取胜。"

生活亦如此，哪怕这一杆打砸了，也不要沉溺于懊丧，要勇敢地继续挥好下一杆，而不是担心不够完美而轻易放弃。

尝试，远比什么都不做好。

举个简单的例子，假如你与人发生矛盾，与其怨天尤人，自我抱怨，倒不如主动去道歉，哪怕行为很幼稚可笑，哪怕对方粗暴地不接受，也远比你什么都不做只知道后悔怨怼要好，至少你能心安理得。

对大多数草根子弟而言，你能获得的机会更少，需要吃的苦楚更多，更要养成这种勇于主动尝试的性格，不要过早地被现实压迫得唯唯诺诺。

哪怕是做错了也不用害怕，错误再大，只要不是违法犯罪，总归死不了人。

这个世界没有任何人敢拍着胸膛说自己出生以来从没有犯过错，人人都会犯错，犯错是我们成长的必须经历，完美的人生叫理想，不完美才是生活。

犯了错不要紧，但要敢于承认错误，勇敢地直面错误，努力去弥补错误。连犯错的勇气都没有，而选择袖手旁观的人，是不可能轻易得到幸福之神的眷顾的。

天不重贫富，但终归眷顾勤奋勇毅之人，只要你不断尝试，终有出头之日。

当然，叫你遇到事情勇于尝试，甚至主动去当出头鸟，并不是意味着遇到事情要一味闷头往前冲，那就是有勇无谋的愣头青、二百五了。这样的人勇气可嘉，但难成大器。

具有勇气的同时，更要具有大智慧，善于察言观色，人情练达，善于从细微处见不平。既要争做出头鸟，也要小心不能被枪打死。

著名的作家林语堂先生就是善于抓住机遇、勇敢尝试的人。在他还没有成名之前，有一天，一位先生宴请美国知名作家赛珍珠女士，林语堂先生也在被邀之列，餐前他主动请求宴会主人把他的席位安排在赛珍珠女士之旁。

席间，赛珍珠知道座上有许多中国的作家，就提议道："各位何不以新作供美国出版界印发？本人愿为介绍。"

当时坐席上的人都不以为然，把赛珍珠女士的话当作一种普通敷衍的说词，未予重视。而唯独林语堂先生当场一口答应，宴席过后即搜集其发表于中国之英文小品成一巨册，送之赛珍珠审阅。

赛珍珠女士因此对林语堂先生印象极佳，后来尽全力助其成功。

所以，机会往往就在那一瞬间。一个人能否成功，天赋固然重要，但主动去尝试，去把握时机，不因循观望、不犹豫退缩，该出手时就出手，往往比天赋更重要。

一碗小鸡汤

官渡之战

曹操，三国时期著名政治家，从一个小吏，到曹魏政权的开拓者，他的身上有很多值得学习的地方，正如其诗言："老骥伏枥，志在千里。"他的身上流淌着勇于尝试不怕输的血液，他一生经历了大大小小无数战役，其中，官渡之战最能体现他这种勇于尝试、不轻易言败的奋斗因子。

官渡之战，是东汉末年三大战役之一，历史上著名的以弱胜强的经典战役之一，也是曹操一生之中面临的最凶险、最困难的战役之一。

建安五年（200 年），曹操与袁绍相持于官渡（今河南中牟东北），两大战略集团准备在此决一雌雄，一战定生死。

战前，曹操处于极其凶险的境地：首先他的地盘处于四战之地，北方的袁绍自不必说，关中各路诸侯都在徘徊观望，南边刘表、张绣不肯降服，东南孙策蠢蠢欲动，伺机咬上一口，就连暂时依附他的刘备也是态度暧昧，貌合神离。

而当曹操正全力部署对袁绍作战之时，在这要命的关口上，刘备扯起大旗，突然起兵反曹，并迅速攻占下邳，屯兵沛县（今江苏沛县）。刘皇叔的号召力还是不错的，军队数量快速增加到数万人，本着敌人的敌人就是朋友的原则，刘备主动与袁绍联系，

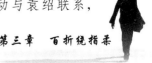

第三章 百折续措采

打算合力攻曹。曹操像个夹心饼干一样，处境相当不妙，并且越来越凶险。

反观曹操最大的心腹大患，袁绍一方，既无后顾之忧，又地广人多，兵精将广，谋士如林，士气蓬勃，可动员兵力在十万以上。

袁强曹弱，形势对曹操极为不利，在赌博者看来，这个赔率十赔一都不到。

面对此极其凶险不利的困境，一般人都会心生退却，选择投降得以保全，但曹操却没有被绝境吓到，而是选择主动出击，置之死地而后生，打算绝地反击。

为避免两线作战，保持许昌与青兖二州的联系，曹操亲自率精兵东击刘备，刘皇叔被打了个措手不及，一接触就溃败，曹操迅速占领沛县，转而进攻下邳，并迫降了关羽。兵败如山倒，刘皇叔全军溃败，也无力回天，只得只身逃往河北投奔袁绍。

曹操随后回军官渡，开始着力解决最大的威胁方：袁绍。

虽然曹操取得了对刘备之战的胜利，但局势仍然凶险，战争的天平仍在袁绍一方。是役，曹操决定兵行奇招，听从谋士建议，轻兵奇袭乌巢重镇，火烧袁绍军器辎重。自古，大军未动，粮草先行。粮草一直都是决定胜败的关键，是一支军队的生命线。

由于事关重大，曹操决定以身试险，他亲率步骑五千，冒用袁军旗号，人衔枚、马缚口，各带柴草一束，利用静悄悄的黑夜，走小路偷袭。五千兵马到达乌巢后，一刻不敢停歇，立即围攻放火。

袁绍获知曹操火烧乌巢后，也坐不住了，因为这把火正烧到了他的屁股上。他一方面马上派轻骑救援乌巢，另一方面紧急命令张郃、高览率重兵猛攻曹军大营，打算来一招釜底抽薪，妄图解掉乌巢之危。奈何曹操早有防备，曹营坚固袁军一时攻打不下。

当曹军急攻驻守乌巢的淳于琼大营时，袁绍增援的部队已经迫近。曹操当机立断，励士死战，大破袁军，并在这关键时刻斩杀淳于琼，迅速将袁绍大军的粮草辎重悉数烧了个精光。

袁绍方的大将张郃、高览闻得乌巢被破，眼看大势已去，本着识时务者为俊杰的原则，于是投降曹操，二人的投降直接导致袁绍军心动摇，内部分裂，大军瞬时崩溃。兵败如山倒，袁绍只得仓皇带领八百骑兵狼狈逃回河北，再也不复往昔风光。

官渡之战后，曹操实力大增，天下英雄望旗来投，在北方迅速膨胀，最终一家独大，几无势力可与之抗衡，为后来统一北方奠定了坚实的基础。

曹操以其非凡的勇气和智慧，书写了他军事生涯最辉煌的一页。

第三节　避免一句话引发的"血案"

前不久在丽江发生了一起女游客被打毁容事件，这不仅让人扼腕叹息，仅仅是因为晚上在烧烤店里，几个醉酒的混混学女孩的口音说话，继而双方发生口角，一位美丽的女孩就被几个混混暴力殴打，被他们用玻璃瓶残忍划破脸颊毁容，即使把人抓起来投入监狱，即使索赔千万又有何用？美丽的容颜已不在。

这个世界上，每时每刻每分钟，都会发生不同的惨剧，所不同的只是受伤的主角和悲惨的程度而已。

每个惨剧的发生都会有这样那样的原因，但大部分惨剧的造成很多时候往往源于微不足道和鸡毛蒜皮。

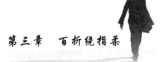

比如，丽江这起悲剧的发生，细细看来，充其量只是多说了几句话，多看了几眼，从而引发的一场小概率的惨剧而已。

环视周围，我们可以发现，有些人的微环境，就像一个充满了蒸汽却无处排泄的焖锅，随时都会炸裂。一点就着，一碰就炸，像火药等着火花。

日常生活中的种种琐碎和不得志，像沤肥一样压抑着无处疏解的暴戾。经常在网上看到或者生活中听到这样的故事：双方因为一点鸡毛蒜皮、无关痛痒的冲突，便互相辱骂甚至拳脚相加。这样的故事，每时每刻都会发生在我们身边。

陕西科技大学一教授因为堵路的口角，就愤起暴打清洁女工，乍一听来我们都会觉得不可思议，觉得高级知识分子怎么也会这么不理智呢？其实我们大部分人一旦置身其中，当怒火攻心，戾气从脚底直达头顶之时，往往很少有人能控制住，轻易就被愤怒冲昏头脑。

前不久武昌发生一起让人毛骨悚然的凶杀案，估计大家都听过。事件过于血腥，简要还原：大致是饭店店主姚某听出胡某等人是外地人，一碗面原本 5 元，就涨了 1 块钱。胡某质问了姚某，从而发生了口角。随后，姚某的一句话"吃不起莫吃，你给老子滚"彻底激怒了胡某，之后，双方动起手来，胡某将姚某杀害。而当时姚某幼小的孩子在路旁目睹了父亲惨死的一幕。事后经查，凶手有间歇精神病。

可以想象，阴影势必伴随着那可怜的孩子一生。

这又让我想起了几年前的一起旧闻。

说的是在某某城市，一个年轻漂亮的女子因为她心爱的宝马车不小心被路边的修车工剐蹭了一下，情急之下下车对修车工一顿劈头盖脸的痛骂，这还觉得不过瘾，还不依不饶打电话把住在附近别墅里的父母也全部喊过来。全家老小一起上阵对修车工口诛嘴伐，拳打脚踢，逼着修车工赔偿损失。修车工本来就没有钱，又不堪羞辱，嘴上同意马上回家拿钱赔偿，让宝马女一家人等着。不久，修车工回来了，但他从怀里掏出来的不是人民币，而是一把刀，愤怒让他失去了做人的基本理智……宝马女以及她的父母双亲，一家三口全部遇害。

虽然是不同的两件事，但却反映了同一个现象：本该几句善言就可以解决的冲突，或是小到鸡毛蒜皮可以一笑置之的事情，却因为彼此的互不相让和急怒暴戾，因为咽不下那口气，最后都造成了血溅当场的灾祸。

无论社会如何进步，充满暴戾的人永远存在，我们或多或少都会遇到这样的暴戾者。他们活在各行各业之中，不断吸收和释放负能量，他们充满了沮丧、愤怒、嫉妒、算计、仇恨、抱怨、见不得人好等人类身上丑恶的品质。

一旦你和他们发生不愉快，他们是不会和你举事实、讲道理的，更加不会去体谅你。他们会把眼前的陌生人当成撒气泄怒的对象。哪怕只是一件小事在现实意义上对他们造成了侵犯，都会产生爆炸性的后果。

有时候因为一点鸡毛蒜皮的小事，他们就会与你发生口角，继而辱骂一些难听恶毒的话语，甚者主动挑衅你，这时切不可因为咽不下这口气，傻乎乎和他们争一时之气，和他们争辩你能得到什么呢？这种人其实就是一些充满负面气息的暴戾者而已。赢了，你没有成就感；输了，你付出得更多。

如果不幸发生头破血流、肢体伤残之事。胜了，他躺在床上，你出钱养他；败了，你躺在床上，他没钱养你。无论输赢，你都输了。

别人不会同情你，生活更不会怜悯你。被狗咬了难道你还要去咬回来？

生活的不顺意，使身边这样的暴戾者可能越来越多。

你和他们讲理，他们和你玩命。

生命没有如果和假设，爱可以重来，但生命只有一次。珍爱生命，远离暴戾者。

人，需留有用之身，成就一番事业。

对大多数草根子弟而言，你还没有成功，你尚未享受生活的美好，你还有贫寒的家庭需要赡养，切不可争一时之意气。

惹不起躲得起，有时候，这并不意味着胆小懦弱，不代表畏缩不前，而是一种避其锋芒的睿智。在你争取尊严的时候，首先要学会预判危险。

微微一笑，也许不能倾城，但很多时候却能化解一场悲剧。

有一则寓言故事，老虎看见一条疯狗，远远避开了，小老虎不解："爸爸，你敢和狮子拼斗，与猎豹争雄，为什么怕一条疯狗，多丢人啊！"

老虎问："孩子，打败一条疯狗光荣吗？"小老虎摇摇头。

"让疯狗咬一口倒霉不？"小老虎点点头。

"既然如此，咱们干吗去招惹一条疯狗呢！"

生活之中，不是什么人都配做你的对手的。

高贵的瓷器何必去碰腌酸菜的瓦缸？

莫和垃圾争对错，勿与小人论长短！咽不下那口气的时候，轻轻呼出又何妨？

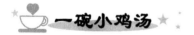

一碗小鸡汤

胯下之辱

韩信，西汉开国功臣，历史上杰出军事家，汉初三杰之一，韩信点兵等耳熟能详的典故就是出自他身，今天要来说一说他胯下之辱的故事。

韩信很小的时候就痛失双亲，生活孤苦，主要靠钓鱼换钱过活，饥一顿、饱一餐，屡屡遭到周围人的欺负和白眼。

有一天，一群混混拦下韩信，打算当众羞辱他。

其中一个屠夫对韩信说：你虽然长得又高又大，喜欢带刀配剑，但其实你胆子小得很。你要不怕死，就拿剑刺我；如果怕死，就从我胯下爬过去，我们就放你一马。

被几个混混当众挑衅侮辱，韩信自知今日着实难以善了，但自己形单影只，如果硬拼肯定吃亏。如果争一时意气，刺死了屠夫，势必会被他的混混同伴杀死，空有一身远大抱负没有施展，却要死在一群宵小之徒手里，那真要叫死不瞑目了。

想到这里，韩信以极大的勇气咽下了这口窝囊气，主动选择了退让，当着许多围观人的面，在哄堂大笑的嘲讽声中，弯腰从那个屠夫的裤裆下钻了过去。

这就是历史上著名的"胯下之辱"。

当时，韩信并不是胆小怯懦，而是看清局面后忍让的睿智。忍常人之所不能忍，方能成他人之所不能成。正是他当时的忍让，才给后来史书上留下了一幕幕精彩纷呈的战绩：东进灭赵、妙计灭齐、平定四国、垓下之战等。

据说后来韩信发达富贵之后，派人找到那个屠夫，屠夫战战兢兢很是害怕，以为韩信要杀他报仇，没想到韩信却以德报怨，善待屠夫，并封他为护军卫。

他对屠夫说，如果没有当年的"胯下之辱"，就没有今天的韩信。

第四章　好风凭借力

是金子总会发光，

但埋藏久了就成矿产了

第一节　做一个可以把自己的缺陷当作笑料的人

中国人特别爱面子，俗话说："死要面子活受罪。"在中国为了面子而丢掉性命的也大有人在，其中最典型的，莫过于在乌江边自刎的项羽。兵败之后，他觉得"无颜见江东父老"，于是自刎而死。

出身贫寒之人，更容易在乎面子，在乎别人的评价，这是为什么呢？

究其原因，大凡出身贫寒的人，都会或多或少有一种与生俱来的自卑感，因为从小到大，他（她）穿的比身边的小伙伴差，吃的比不上身边的小伙伴，富裕家庭的孩子哪怕只要一次考试成绩较好，就能轻而易举得到一件漂亮的衣服或一次说走就走的旅行，而出身贫寒的人，哪怕年年考试名列前茅都无法获得。不仅如此，每年的压岁钱要留着交学费，过生日仅仅只是吃碗面条加个鸡蛋，无形之中他会觉得低人一等。

长期在这种环境之中长大，卑微伴随身边，久而久之难免或多或少都会有点自卑心理。如果不善于自我消化，人还会变得爱慕虚荣，对金钱的看重程度远胜于富贵人家的子弟。

富家子弟花钱大都"大手大脚"，因为钱在他们手中只是获取东西的手段，而在穷人子弟眼中，钱就是生命线。两种不同的金钱观，势必造就两种不同的人生观。

很多贫寒出身的贪官入狱时都会忏悔，为什么要贪污，实在是穷怕了！正是这个道理。

在这种低人一等的环境中成长，大部分人都难逃不自信，他们不像富家子弟一样有条件参加各种各样的培训班，在校园之中骄傲地展示小提琴、钢琴、演唱等才艺，成为校园中的风云人物，相反他们大都畏畏缩缩不爱表现自我，所擅长的大都是篮球、足球等体育运动。生活中扭扭捏捏，有困难哪怕自己承受，也从来不会开口求人。不可否认，这样的朴实，是一种善良的品质。但现实之中往往是吃亏的一方。

工作后，哪怕面对一个小小领导，他们都会手足无措，说话不利索，感觉手脚都没处放，而不像富家子弟，从小接触，耳濡目染之下，总能大大方方，谈吐自如。因为他们怕出错，怕别人会有看法，不像富家子弟，做错了有家庭替他担着，大不了换个工作而已。

这样的心态，唯有同样出身贫寒、无依无靠的寒门之子才能深有体会。

当然，并不能武断地说出身贫寒的人更爱面子，应该说寒门子弟比富家子弟更迫切地希望成功，更迫切地希望做好每一件事，他们更怕做错出丑，所以更在乎别人对自己的看法，他们大部分人很难撕去生活中的脸面。

对贫寒子弟来说，可能面子就是人生中的第一道障碍，要克服的第一道关口就是"死要面子活受罪"，过分爱面子，就会失去机遇，把自己看得太重的人，很难做成大事。

为人处世就是不要面子、不怕丢脸。所谓的不要脸，不是说恬不知耻，不懂得自尊，而是一种做事的时候摈弃羞涩，勇往直前，专注于事件的成功，从不把自己当回事的良好心态。

无论你丢脸不丢脸，现实都不会在乎你。

成功了，人人都要给你面子；一事无成，哪怕丢脸丢到姥姥家也没人在乎。如果你连温饱问题都尚未解决，如果你还没有实现财务自由，死要面子又有何用，那叫穷讲究。所以说，只要不违法犯罪，无论你从事什么低级的工作，做微商也好，发小传单也罢，哪怕你为了成功到处努力推销自己，别人如何嘲笑你都不怕，只要自己勤奋努力拼搏，你都不丢人。

面对身边同你一起奋斗的年轻人，如果他们比你家境好，没必要觉得低人一等，相反，你可以平和地与他们相处，出身贫寒的马克思和出身富裕的恩格斯就是一生挚友。

出身贫寒或富裕是没办法选择的，但你可以比他们更用心、比他们更努力，终有一天，你也会拥有和他们对等或者超越他们的财富和成就。

工作之中，和领导相处的时候，首先要克服的就是这种唯唯诺诺的心态，领导也是人，大可不必在他们面前低声下气，自觉低人一等。

太平洋集团前总裁严介和说过：什么是脸面？我们干大事的从来不要脸，脸皮可以撕下来扔到地上，踹几脚，扬长而去，不屑一顾。

华为总裁任正非也说：只有不要脸的人，才会成为成功的人。

我很爱看小说，其中有一本叫《极品家丁》的小说我看了不下三次，姑且抛开里面主角林三丰富的感情经历不谈，他的不怕丢脸和无所畏惧正是每一个寒门子弟需要学习的。小说讲述的是现代人林三无意中穿越到古代，成为萧家大宅里一名光荣的家丁，兴办实业，经营社团，小小家丁靠着无敌的脸皮，如鱼得水玩转商场、官场、战场和情场，遭逢无数际遇后成为"天下第一丁"的故事。虽然小说是 YY 小说，但是里面的为人处世之道值得我们学习。

当你能像小说中的主人公一样，把自己的缺陷平和地当作笑料和朋友谈笑风生，把自己的"不怕丢脸"发挥到极致之时，你或许就离成功不远了。

第四章　好风凭借力

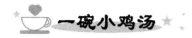

一篇热帖引发的阶层讨论

相信有很多人都看过这篇网文《寒门再难出贵子》，这也是我当初写此书的初衷之一。

该帖是一位银行的 HR 写的，他工作了 10 年，接待了一群到银行实习的实习生，然后观察他们发生的一系列的故事。

像小说，但比我们看过的小说更精彩；像现实，但比我们了解的现实更残酷。

作者在商业银行人力资源部上班，有一年他们银行招了很多学校的实习生，大都是学校推荐的"好学生"，但是实习完后真正能留下的只有几个人。

来实习的学生中大体分为三类，一类是农村家庭出来的，学习很努力，在学校很优秀，大概有 20 多个；还有一类就是家庭在县城的孩子，有十几个；再者就是所谓的大城市的孩子，有十几个。

按照作者的描述，报道的第一天，农村出生的孩子和大城市出生的孩子的表现就呈现出了几个极端：

1. 来得很早的孩子，大多是农村的。因为这是他们人生中第一次离开学校去正式单位实习，非常重视。而且学校推荐，自然会打电话给家里，父母能给出的指导无非是好好珍惜，第一天要早去，这类的教导，所以自然来得最早的是这些孩子。但是他们都很紧张，和银行员工几乎无交流。

2. 进来主动和银行接待人员打招呼，并且还主动倒水的那几个孩子无一例外，父母都是在党政机关工作。

3. 进来大大咧咧，开几句玩笑的几个孩子，家里都是经商做生意的，受父母身上那种灵活态度的熏染，在身上都能看出影子。

4. 有那么两三个，感觉挺冷傲，相对自信，对接待人员不卑不亢的，无一例外地属于大城市知识分子家庭的孩子。

而在自主选择实习部门的时候，不同出身的孩子选择也截然不同：能够精确写出银行部门的孩子，大多家里是机关和经商的；农村孩子有一个可以精确写出，原因是自家亲戚在工行上班。知识分子家庭的孩子，大多都写行政、管理、内勤，但绝对不会和外联部门的业务有关系；经商的孩子都想做实习客户经理；父母在机关的大多都想做主管助理。

在文中，作者还详细描述了每类大学生在实习过程中的表现，孩子们的表现迥然不同：

1. 农村家庭的孩子普遍不会交流。当自己是一个部门的新人时，不会主动去与人交流，更谈不上和谁拉近关系。虽不是绝对，但这个比例超过农村家庭的90%。但是他们都有个很大的优点，就是勤快，很少找借口，大体属于那种可以容忍的范围内。

2. 受到夸奖的孩子的家庭大多是经商家庭。比较活，实习时，和老员工的互动能力较强，有的家庭甚至可以请老员工吃饭，有的还能在解决问题时想出个新点子，提点意见建议。属于那种不会让人讨厌的，受到赞誉最多的一类。

3. 再就是家里在党政机关做干部的孩子，最大的优点是有礼貌，会说话，不太会唐突，比较有眼力见儿，个人气质较好，但有时也要小聪明，因为年龄小，很容易被年长的发现，褒贬不一。

4. 知识分子家庭出身的六个孩子，无一例外地在工作一段时间后，都不太受实习部门的待见。原因有那么几个：一是没有眼

第四章　好风凭借力

力见儿，二是自我感觉相对较好，有时会因为言语不懂得分清场合，说出一些比较固执和让部门尴尬的话。有一个女孩子，父母是中学老师，自我感觉良好。对安排的跑腿工作说三道四，和谁说话也顶着来，最后提前结束实习。

最让读者引发强烈议论的是其中一个叫治国的农村孩子。

作者这样记载到：治国是学校的班长，也是学生会干部，篮球打得很好，皮肤黝黑，精神勤快。他分在权利最大、业务最多的风控部实习。还有一点，治国家是农村的，有个弟弟，父母纯农民，父母对他有很大希望，希望他能通过在银行的实习，最终留下来。

所以工作中，治国勤勤恳恳，任劳任怨。在知道风控的老总在行里说话很有分量后，治国主动给风控的老总送了一些土特产，但后来老总的老婆嫌不干净给扔了。

虽然很努力，但是治国最终没能留在银行，几经面试找了一份保险公司的工作，很累、很辛苦。

最终让他没有留下的原因倒不是他送礼被扔了，而是有一次风控老总看见治国把接待用烟往口袋里塞了两盒，这事让他彻底否定了治国。

而治国拿烟的原因其实很悲凉，是想回家的时候带给父亲抽，因为中华烟父亲没抽过。他也知道拿不好，但因为自己只是实习生，烟很好，自己买又太贵，出于孝心，他拿了两盒，不巧却被风控老总看到了。

而另外一个实习的女孩周周，却是另外一种截然不同的人生。周周家是本地的，母亲在某物价部门担任处级干部，家教良好，穿着打扮很时尚，学过芭蕾舞气质很好。实习过程中，周周的妈妈通过关系找到银监局的某位副局长，带着周周和银行的几位行长喝了一顿，就轻松顺利签了银行的正式合同，此后周周分到了分行办公室，主要负责和政府部门的联系工作，后来找了个省政府的小伙儿谈恋爱，小伙子也是那种家庭，前途一片光明。

当初，我看了这篇帖子，也是感慨万千。

治国的身上映射出我们太多农村出身的孩子身上的影子，踏实、努力、勤快、肯吃苦，他最终没能留下来，让人唏嘘不已。也不禁让人感慨社会的现实。确实，像我前面说过，社会上确实存在着一层无奈的关系网，把出身富裕和出身贫寒的两类孩子隔离开来，在通往成功的道路上，富裕家庭出身的孩子总是更容易一些，寒门子弟总是要被困在网外面苦苦挣扎许久。

但是，我们也要看到另外一面，在治国的身上也存在一些不可忽视的需要提升的东西。眼界的开阔程度、对物质的态度、努力的方法等都还存在不足，他最终未能留下，并不仅仅因为出身农村，缺少关系这么简单，自身也存在需要改进的短板。

我写此书的目的，也正是希望能把我自己在工作生活中归纳总结出的经验予以分享，希望所有寒门子弟能少走弯路。

当然，我相信，治国最终也是会成功的，因为他身上有很多富家子弟没有的宝贵特质，踏实努力和勤奋上进，虽然他会被困在生活的困境里很长一段时间，但经过时间和社会的打磨后，青涩的璞玉必将绽放出圆润柔和的光。

第二节　做一个把身边资源整合到极致的人

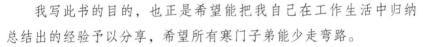

现在的年轻人都会有这样的感叹，中国是一个根深蒂固的人情社会，到处都是不可避免的关系网。家里没权没势没关系，真

的是举步维艰。

其实这样的想法大错特错。

老是这样抱怨的人，骨子里的懒惰因子太多，不想努力，得过且过，对自己要求太低，缺乏坚忍不拔的特性。

中国是人情社会不假，照顾各种关系也无可避免，但是如果你是人才，领导也会发现并乐于提拔你，因为人才是一个单位的骨干和精华，是一个单位发展的中坚力量，有关系的人因为有后台、有退路，无论在工作还是生活中或多或少都会存在优越感，领导用起来往往不能得心应手。

能做领导的都不是傻子，他不会自毁长城。虽然也许你的提拔重用过程要比有关系的人来得慢些，但只要你努力，机会总会垂青于你。

我接触过很多领导，相处的时候当谈到下属职工时，他们大多谈论的是某某某在哪些方面比较出众，而不是某某某家里是什么出身，有识的领导更多看重的是一个人的才能，而不是这个人的出身。

在中国，领导是一种奇怪的物种。

领导不一定是文化水平最高、业务能力最强、技术最专业的人，但大多数领导一定是懂得惜才、用才的人，因为挖掘人才、重用人才是他的本职工作之一。

千金易得，人才难求。

尤其在当今社会，竞争异常激烈，人际关系纷繁复杂，人才的重要性更是体现得淋漓尽致，谁能收拢更多的人才，谁就掌握成功的制高点。

就拿我们银行来说吧，因为一直以来，银行业相对其他单位而言，是印象中富得流油的单位，于是众多有背景的人家青睐有加，经济状况好时，有权有势的家庭都"各显神通"，把子女往银行里塞。现在经济下行，各行各业都不景气，而银行就是最直观的经济晴雨表，经营不善的企业纷纷倒闭，银行的不良贷款大幅攀升，员工工资下降、压力增大，银行越来越难混了。于是很多家里有门路、有后台的员工，纷纷辞职跳槽去其他单位。

能留下来的，除了银行的骨干，大都是家里没有很强的关系和背景的人。对待这样同一件事，即使是同在一个系统的职工也会有截然不同的观点。有的人会说，我真倒霉，家里无权无势，无法跳槽到更好的单位，只能苦苦煎熬。而对善于抓住机遇的人而言，如果你真的是人才，何尝不是一次很好的机遇呢？大浪淘沙之后，往往留下精髓。

对一个单位而言，如果不重视人才，使"千里马"永远埋头运送"货物"，被埋没而死，让不少"病马""劣马"担当重任，最后是"劣马"变"肥马"，单位被拖垮。

大凡有识的领导，都看得透这点。

所以，从现在起停止抱怨吧，不要再为自己的出身而哀叹，也不要为没有关系而苦恼，你所要做的就是把你自身的资源重新整合，包括你自身内在的修炼和外部人际关系的扩展，内外兼修，将自身能力发挥到极致，只要肯努力，机会必会垂青于你。

纵观中华五千年，中国历朝历代无不重视人才，好的统治者无不励精图治，求贤若渴，力图做到"周公吐哺天下归心"。

中国的古代发展史，从细小片段来看，实际上是一个个不同的人才不断串联推动的历史。

大凡成功人士，或富贵或贫寒，出身都各不相同，但都有一个共同点，那就是他们都是非常厉害的资源整合者，他们都把身边能利用的资源用到了极致。

当今社会，更是一个资源整合的社会，谁能把资源整合得更好，谁就更成功。即使没有良好的出身，即使亲戚之中没有大富

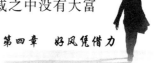

大贵之人，但是朋友、同学、经历、眼光、学识等都是宝贵的财富。只要你善于利用自身和身边的资源，哪怕仅仅是一面之缘的陌生人，也许都能给你的成功带来莫大的助力。

很多成功人士的人脉资源都不是娘胎里带来的，而是后天形成的。

机会稍纵即逝，不论人穷人富；资源人人拥有，只是或多或少。谁能抓住并发挥到极致，谁就离成功更近！

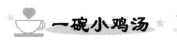一碗小鸡汤

三顾茅庐

说起诸葛亮，大家都熟悉，字孔明，号卧龙，三国时期蜀汉丞相，杰出的政治家、军事家、外交家、文学家、书法家、发明家，反正是集大家于一身。

在其未出名之前，他一直默默"躬耕于南阳"，正如其名号一样，潜龙卧深渊。

东汉末年，刘备攻打曹操失败，前往荆州投奔刘表。在当时，谋士就是生产力，为了积蓄力量以图日后能成就大业，他四处诚心访求人才。

恰当时，荆州名士司马徽知道刘备的远大志向后，向他推荐道："此地有卧龙和凤雏，二人得一，可安天下。"

刘备多方打听了解，得知"卧龙"说的就是诸葛亮，此人才高八斗，上知天文，下知地理，隐居在襄阳城西二十里的隆中，住茅庐草棚，耕作自养，精研史书，聪明绝顶，胸中沟壑万千，是个不可多得的人才。

就连刘备身边的心腹谋士徐庶也推荐说："诸葛亮是个奇才。"

这就更加坚定了刘备将诸葛亮纳入自己麾下的决心。

刘备为了请诸葛亮出山，辅佐他打天下，也是相当重视，亲自率领关羽、张飞，哥仨一起带着礼物专程赶到隆中卧龙岗去拜见诸葛亮。但恰巧这一天诸葛亮外出不在家，而当时又不像现在可以打电话、发信息这么方便，刘备没有办法，只好留下姓名，失望地回去了。

隔了几天，刘备打听到诸葛亮回来了，又火急火燎带着关羽、张飞冒着风雪前去。哪知好事多磨，诸葛亮这次又外出了，刘备他们又扑了个空。

张飞是个粗人、急性子，大雪天心里本就不愿意来，想着还不如在家里喝顿小酒来得痛快，见诸葛亮这次又不在家，就大声嚷嚷着要回去。刘备无奈只得留下一封信，信中表达了自己对诸葛亮如滔滔江水般的敬佩之情和请他出来助自己问鼎天下的愿望。

又过了一段时间，刘备准备第三次去请诸葛亮。

俗话说，事不过三。这一回，连关羽也不耐烦了，不满地说诸葛亮也许是徒有虚名之辈，未必就有真材实料，没必要屡次三番浪费时间在一个陌生人身上。

张飞原本就是个急性子的屠夫，见大哥刘备执意要去，就提议由他一个人去请诸葛亮，如果诸葛亮不识抬举，他就用绳子像捆猪一样把他捆来。

刘备把张飞呵斥了一顿，带着极不情愿的关、张二人，哥仨第三次去隆中拜访诸葛亮。好不容易来到诸葛亮家门口的时候，仆童告诉刘备，诸葛亮正在睡大头觉，刘备不敢惊动他，让关羽、张飞二人在门外等候，自己在台阶下静静地站着，大气也不出，一直站到诸葛亮自己醒来。

第四章　好风凭借力

诸葛亮见刘备如此诚心，内心也是十分感动，邀请刘备进屋详谈。

就在诸葛亮的这间茅庐中，诸葛亮为刘备分析天下形势，"北让曹操占天时，南让孙权占地利，将军可占人和，拿下西川成大业，和曹、孙成三足鼎立之势。"

这就是后世著名的《隆中对》。

刘备一听，心中豁然开朗，对诸葛亮大为叹服，知道卧龙之名货真价实，并非水货，当即拜诸葛亮为军师，请他出山相助，重兴汉室。诸葛亮深为刘备"三顾茅庐"的诚心所打动，答应了刘备的请求。

从此，卧龙之名震彻三国，那年诸葛亮才 27 岁。

细细分析，诸葛亮的成功，刘备的惜才爱才是一部分，而更难得的是诸葛亮的眼光。

三顾茅庐，现在看来是诸葛亮在极不情愿的情况下被刘备请出山的，然而这些都是史学家记载的，不排除有美化当权者刘皇叔惜才爱才的吹捧在里面。在当时的形势下，曹操、孙权人才济济，谋士多如过江之鲫、林中之笋，诸葛亮虽然空有名气，但是曹、孙两大政治集团未必会重用于他。彼时刘备虽然弱小，但好歹也是个领导，而且主动送上门来，双方干柴等着烈火，诸葛亮也果断抓住了这一在当时还相当弱小的资源，并加以整合利用，不断扩大，最终既帮助刘备复兴蜀汉，也实现了自己的人生抱负，青史留名。

第三节　做一匹中用更中看的千里马

如果你出身贫寒，千万不要有不切实际的幻想，即使你不努力工作，领导也会有一天突然垂青于你。这和三伏天出门被冰雹砸到，买彩票中500万大奖的概率是一样的。

我认识好多出身富裕家庭的子弟，他们并不像网上传言一样不学无术，相反，他们在工作中兢兢业业，甚至比一般人都能吃苦，同时为人谦虚，低调务实，和他们相比，如果你连最基本的苦都吃不了，那么你将永无出头之日。

所以说，不怕穷人不努力，就怕富人比穷人更努力。

和家庭背景好的同事相比，你已经输在了起跑线上，唯有比他们付出更多的努力，奋起直追，你才能有出头的一天。别人不愿意干的脏活累活，你要抢着干，别人害怕承担责任难度大的工作，你不能推脱。

万不可耍些小聪明，误了终身。

而第一大忌就是抱怨。我身边有很多同事，他们平时特别能吃苦耐劳，比一般人工作任务量都大，也更辛苦，其实他们也更有机会获得升迁，但是往往奇怪的是一大把年纪了，他们仍然承担着繁重的事务性工作，说好听点他们是"骨干"，说不好听点就是一把老骨头了还抵着干。

我细细观察了这些人，发现他们都有一个共同点，就是承接工作的时候总是忍不住习惯性地要抱怨嘟哝几句，虽然最后工作也干了，但永远吃力不讨好。领导不喜欢，同事也觉得反感。其

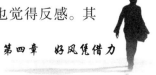

第四章　好风凭借力

实有些话你不说，别人也是看得到的，但你不停去抱怨，反倒是有点生怕别人不知道你吃了大亏一样，挟恩索报历来是中国职场的大忌。

我在做支行行长的时候，单位新招了一名大学毕业生小军，分配到我的网点。因为同是年轻人，也同是从农村走出来的大学生的缘故，我们俩下班经常聚在一起，我平时对他也颇为照顾。小军本来是个很有才华的人，尤其是我们网点中老年员工居多，对电脑不是很熟悉，所以他的能力很突出。

可几个月之后，不论谁见到他，都听见他在说"情绪话"，比如银行总部考核不合理，某某同事心眼太小，他承担的工作任务比一起进来的新员工多太多之类。确实，由于老员工电脑不熟悉，大部分录入工作、撰写调查报告都是他加班加点完成的，同事也都对他的能力表示认可。可他总是受不了一些小小的不顺心，整天牢骚满腹。

我曾经私下提醒过他几次，但是收效甚微，他总是一有机会就大吐苦水。

后来，因为工作调动，我调去了另外的城市，但仍在同一个银行系统。他也会时不时给我打电话，说得最多的还是工作任务重，某某领导太难相处，银行里有几个有关系的员工"吃闲饭"，客户太刁钻刻薄之类的。

我总是劝他，年轻人多吃点苦是有好处的。

直到有一天，他打电话告诉我，他要辞职了，要自己创业，我吃了一惊，连忙劝他不要冲动，因为我们这个行业虽然辛苦，但是在当地收入福利都算是很好的。

他说他已经下定决心了，并且已经把辞职信交给总行行长，行长已经批准同意，他已经背水一战，没有退路了。说到这个份儿上我也无话可说了，只能暗叹可惜，因为当初考进银行系统也是以几百比一的比例，一路过关斩将才进来的。

渐渐我们就少了联系，直到有一天，我又接到他的电话，电话里说他辞职后自己创业，干过装修、培训等，但都因为没有经验亏损了，还把这几年攒的钱都砸了进去，现在他准备去考公务员，当然，他仍然没有改掉爱抱怨的习惯，他说命运对他太不公平，抱怨经济环境不好，没遇到好时机。

可他不知道，正是这种动不动就发泄情绪的习惯，让他不懂得珍惜自己的工作，从而失去了很多好的机会……

所以说抱怨是职场的大忌。但是，也不意味着能吃苦、不抱怨就能成功。

我要说的是，学会吃苦耐劳仅仅是你付出努力，是缩短与富家子弟差距的手段而已，并不是你这样做了就一定能成功。不然，中国工地上搬砖的工人多了去了，你再苦，有他们苦吗？

现实社会中从不缺任劳任怨的骡子，但是在现实中，骡子累死累活永远磨磨拉货，任劳任怨的骡子甚至不如外强中干，终日嘶嘶鸣叫、哗众取宠的漂亮骏马混得好。当然，徒有其表的骏马也只是一时得势，终究走不远。但是，它吃的比骡子好，干的比骡子少，毕竟也有值得学习的地方。

现实中既不缺苦死累死的骡子，也不缺徒有其表的骏马，唯独缺少的是既中用又中看的好马。所以，要想在以吃苦著称的马群之中凸显出来，而不是累死在马厩里，值得深入思考。

推马及人，亦是如此。

上文提到微环境一说，每一个个体都是一个微环境，领导也有微环境，你要如何才能让你和领导的两个微环境发生关联，从而凸显你自己，而不是在自己的微环境里默默苦死累死而不为人所知？

我自己就出身贫寒，所以更能理解寒门子弟的心态。像我们

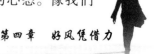

这些人，从小就体会到生活的艰辛，在生活的重压之下，都会隐隐养成一种自卑之态，大都不爱表现自己，有时候甚至会觉得表现自己就是不谦虚，就是爱出风头。

但是，毕竟现实中善于发现人才的伯乐型领导不多，也不会恰恰让你那么幸运地碰到。因此，哪怕你很优秀，但大部分人都是让自己的才华随着年华一起慢慢老去，最后像"辱没于奴隶人之手，骈死于槽枥之间"的千里马一样，不被人所知，也从来没有得到施展能力的机会。或许等你老了，也会哀叹自己命运的多舛，以至于终其一生都怀才不遇。

但是，你想过没有，没有人有义务来发掘你，你的命运之所以会如此，很简单，就是因为你没有把自己表现出来而已。

富家子弟有父母、家庭帮着推销他们，他们还没有进入社会，别人已经帮他们铺平了道路，甚至比他们自己想得还周全，这就是现实。

不要去白费力气地抱怨什么关系社会，你挤破头努力去挣一份功业，往高尚点说是改造社会、施展抱负，往现实说还不是逃不出封妻荫子的老套路，还不是为了给自己的孩子一份好生活，家庭一份体面的地位，努力挤进关系网的上层还不是为了给后代子孙好的生活。

从这种层面来说，关系其实可以说是社会进步的一部分原生动力。只不过说，如果关系网过分密集，挤杀封死了努力上进者上升的空间，那么这个社会就畸形了，这个问题姑且不再讨论。

言归正传，寒门子弟没有这些先天条件，只能自己推销自己，所以要像推销商品一样，巧妙地表现自己的优点、特点，才会有人买账。

现实就是如此，要么认命，要么拼命，说白了就是努力学会表现自己。

人活于世，总是希望能体面地生活，社会上的人都能尊重自己、看得起自己，最大限度地凸显自己的价值。能体现价值的东西有很多，例如出众的文采、精湛的技能、超强的管理能力、姣好的容貌，甚至是美好的内心世界等，别人能发掘更好，别人发现不了，就需要你主动表现出来。就像孔雀开屏一样，要勇敢地展示自己的美丽。

当然，表现要实事求是，不浮夸、不做作，恰到好处而又不矫揉造作。表现不是骄傲地抬高自己，过分地显摆自己，而是掌握火候地展示自己美好的东西，这年头不再流行"酒香不怕巷子深"的委婉含蓄，而流行"天生我材必有用"的舍我其谁。

主动表现不一定就是骄傲，不表现也不见得就是谦虚。

你不要说自己不需要表现，那你每天穿衣打扮干什么呢，难道仅仅是为了保暖？更有甚者对窗前后镜，描眉画唇几个小时呢？

有人会说，为人要谦虚低调，其实谦虚低调也是你表现在别人面前的一个形态而已，你的谦虚低调说到底也是想获得别人的认同。

所以说，善于表现自己是一种自信上进，也是一种聪明的才智。

对于大部分寒门子弟而言，如果你没有其他出众的能表现出来的东西，那么吃苦耐劳就是你获得成功的主要法宝，但是有一点更重要的是，不要仅仅封闭在你自己的微环境中吃苦，要让别人知道你的"苦"，最起码你要让身边的领导、周围的人知道你的踏实肯干，单位才会重视你，机会才会垂青你。不然你注定与累死在石磨上的骡子无异。

但是表现一定要把握好一个度，既要巧妙地表现出你的踏实努力，又万万不可让人觉得你是投机取巧。

举个简单的例子，学生时代我们都会参加大扫除，很多同学都是看见老师来了扫几下，应付了事，这是不行的。那样你会被当作要小聪明。老师不在，你要认真去打扫卫生，老师来了，你除了认真打扫卫生，还可以主动去问，我们的片区已经打扫完毕，还有哪里需要清理呢？老师就会觉得这个同学踏实肯干，积极主动，有上进心。推及到单位亦然，这就是如何巧妙地表现自己。

说到这里，就不得不说起日本著名的喝马桶水的女工的故事。

野田圣子，女，1960年9月3日生于福冈县，是日本首相麻生太郎内阁消费者担当大臣。

野田圣子1983年从上智大学外国语系比较文化专业毕业后，进入东京帝国饭店工作，但她没有想到的是，上司安排给她的工作竟然是做洗厕工，她每天都必须将马桶擦洗干净。心理作用使她几欲作呕，对于一个大学毕业生而言，这样的工作是很难接受的。

她本想立即辞去这份工作，但又不甘心第一份工作因不能胜任就败下阵来，刚刚走上社会就草草败退。因为她初来时曾经信誓旦旦地发誓：一定要走好人生的第一步！

就在她的思想十分矛盾，踌躇不前的时候，酒店里一位老员工出现在她面前，二话不说，拿起工具把擦马桶的工序亲手演示了一遍。老员工一遍又一遍不厌其烦地擦洗马桶，直到光洁如镜，然后将擦洗干净的马桶装满水，这时老员工淡定地拿纸杯从马桶里盛起一杯水，连眉头都没皱一下就一饮而尽，整个过程一气呵成，没有丝毫做作。

野田圣子被老员工的敬业精神惊呆了，也为自己的轻易放弃感到羞愧，从此她下定决心努力做好这份工作，即使一辈子洗厕所，也要洗出成绩来。

此后，野田圣子为了证明自己的工作质量，也为了锤炼自己的敬业心和自信心，多次喝下了自己擦洗过后的马桶里的水。

在一次上级领导来酒店视察工作时，野田圣子借此机会，当着大家的面当场喝下她清洁过的马桶水，众人都被她的敬业行为惊呆了，对她钦佩不已，她的轶事也流传开来。

野田圣子从此一路平步青云，1987年当选为歧阜县议会议员，是当时最年轻的县议员。1998年担任日本首相小渊惠三内阁的邮政大臣，是日本最年轻的阁员。

当然，说起野田圣子的故事，绝不是提倡大家都去喝马桶水，因为它毕竟不是干净卫生的纯净水。我们应该学习的是这种一丝不苟、精益求精的敬业精神，将吃苦耐劳发挥到了变态般的极致，然后再把这种敬业的秉性在关键时刻适时地展现出来，从而不鸣则已，一鸣惊人；不飞则已，一飞冲天！

假如你的境遇也如同野田圣子一样，陷入一份觉得埋没了自己才能的工作之中，然而你却没有学会她如何惊世骇俗地巧妙地表现出自己的特点，去博得关注和欣赏，那么你一辈子都是个刷马桶的清洁工。

只要踏实吃苦，学会表现，从不抱怨，你就必定能够成功。

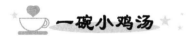

身佩六国相印的苏秦

苏秦，古往今来唯一身佩六国相印的牛气冲天的传奇人物，有点像今天的联合国秘书长，不过他的经历更具有传奇色彩，他靠着一张巧舌如簧的利嘴，在刀兵肆虐的战国时代纵横捭阖，无比拉风，一张嘴可抵十万兵。

在他名动天下之后，他曾经刺股苦读的典故也是传遍全国各地，并且流芳后世，为后代万千学子所称道。下面，我们一起来看看他是如何从一个籍籍无名之辈，巧妙地把自己推销给列国诸侯的。

纵横捭阖创良机

苏秦年轻时候到齐国求学，师从著名的鬼谷子先生。毕业后外出游历多年，没想到没有混好，最终穷困潦倒狼狈回到家乡。亲戚朋友当面没说什么，私下里都讥笑嘲讽他不治生产而逞口舌之利，四体不勤五谷不分。就有点像今天没找到工作，又回到家乡赋闲在家的啃老族大学生一样。苏秦也知道别人的议论，感到十分惭愧，于是闭门不出，遍观自己所藏之书，看完又感叹道："从师受教，埋头苦读，却不能换来荣华富贵，读再多书又有何用呢？"

于是他开始转变读书观念了，在伏案钻研苦思冥想一年后，苏秦针对当前诸侯林立的天下大势揣摩出了著名的合纵之术，自认为凭此可以游说诸国君王，为自己挣得一份功业了。

于是，就像现如今的产品推销员一样，苏秦开始了推销他的合纵思想的漫长道路。

苏秦首先将目标定在当时的王都洛阳，屁颠屁颠地去求见周显王。但是他以前的名声也是在外，周显王周围的亲信大臣一向了解他的为人，认为他只有一张巧嘴而不干实事，说难听点就是个练嘴皮子的，都瞧不起他，因此周显王并不待见他。他的第一次游说以失败草草收场。

但苏秦并不气馁，从洛阳出来后，他又乐呵呵往西行至秦国。

当时秦孝公已死，他就游说秦惠王兼并列国，称帝而治，但秦惠王认为时机并不成熟，而且当时秦国刚刚处死了主张变法的商鞅，秦国的民众是相当讨厌说客的，苏秦的秦国之行也是碰了一鼻子灰。

苏秦离开秦国后，又掉头向东来到赵国。

当时赵肃侯任命其弟赵成为国相，封为奉阳君。奉阳君这个人也是很不喜欢苏秦，赵国之行也是不了了之。

事不过三，对一般人而言，到此应该放弃了，但苏秦锲而不舍。我们也不得不佩服他脸皮之厚实。

燕文公二十八年（前334年），苏秦调整好心态后，又精神饱满、斗志昂扬地整装待发了，这次他选择了燕国。

虽然这回他在燕国等了足足一年多才见到燕文侯，但是他仍然如打了鸡血一样兴奋。

拜见燕文侯后，苏秦使尽浑身解数，开始发挥他的三寸不烂之舌，他先从地理位置上分析了燕国与赵国的相依之势，接着批评燕国的战略错误，只担忧千里之外的秦国，却对百里之内的赵国放松警惕，就是说相隔千里的敌人你夜夜防备，对家门口的敌人却放松警惕，实在是太不应该了。最后他建议燕文侯合纵赵国，互相联合起来结为一体，共同防范虎狼秦国，这样一来不仅家门口的后顾之忧解除了，还增加了防范秦国的盟友，何乐而不为呢？

功夫不负有心人，这回燕文侯认为苏秦的提议很有道理，允诺苏秦"如果能以合纵之计维持燕国安定，愿举国相报"，并大方地资助苏秦金帛财物，派车马护送他前去游说赵国。

苏秦第二次来到赵国，这回有一个有利的局面，对他有意见的奉阳君赵成已经死了，他便游说当权者赵肃侯，提出六国联合起来抵抗秦国的合纵思想。

苏秦之前也是做足了功课，首先详细分析了赵国和其他诸侯国的关系，进而说明了自己的合纵主张：现在秦国强势，而且对其他几国虎视眈眈，如果韩、魏、齐、楚、燕、赵六国能联合起来，共同对抗虎狼之秦国的话，危机就大大消除了。并提议由赵国牵头，组建六国联盟合力抗秦，如此一来，六国一体，秦国一定不敢从函谷关出兵侵犯，赵国的霸主事业也就顺理成章地成功了，可谓是一石二鸟啊。

赵肃侯也觉得很有道理，于是采纳了苏秦的合纵主张，并大方地资助他去游说其他的各诸侯国加盟，以订立合纵盟约。

苏秦到了韩国，拜见韩宣王。

苏秦先分析韩国的优势：城坚军广，且善于冶炼锋利的兵器。话锋一转，再陈述臣服秦国的弊端：侍奉秦国，秦必然要求韩国割让宜阳、成皋两地，如果不同意，秦国定然不饶；而一旦同意，秦国就会变本加厉，土地有限而秦国的欲望无限，离灭亡之日就不远了。

最后苏秦还故意讽刺说："大王您如此英明，军队又如此强大，却甘做秦国的附庸，我真替大王您感到羞耻！"

韩宣王听完脸色大变，青筋凸起，手按宝剑，良久仰天叹息道："我虽然没什么才能，但也决不能侍奉虎狼之秦。既然赵王已经有了建立联盟的主意，我愿意举国听从先生的安排。"

说韩成功后，苏秦又打点行装转战下一个目标，这回他来到魏国，游说魏襄王。

苏秦先分析魏国的地理情况，指出：魏国地方虽小，但田舍密集，人口众多，车马奔驰，国势与楚国也不相上下；如今侍奉秦国，还要年年纳贡，秦国的欲望是越来越大的，如果有朝一日秦国征伐侵略魏国，其他诸侯国是没人愿意出兵相救魏国的。接着苏秦以越王勾践和武王伐纣的以少胜多的战例鼓励魏王，并提醒魏王：魏国兵强马壮，根本不用惧怕秦国；如果割地侍秦，还没有打战，国家已经先元气大伤了，我觉得主张大王您侍奉秦国的那些人都是些奸佞小人，不能听从他们的话啊。

最后援引《周书》，劝诫道：事前不考虑成熟，日后必留有大患，如果大王能听从我的建议，六国同心协力连为一体，就无强秦危害之患了，现在赵王派我呈上合纵条约，等候您的差遣。

魏王说：我从没听过如此英明的决策，愿举魏国之力相从。

至此，六国已经被他成功说服了一大半了。

苏秦继续向东行进，一路小跑来到齐国。

苏秦也是按照他屡试不爽的老套路，一开始开门见山为齐宣王分析齐国国势，指出：齐国四面天险，兵精粮足，自有战役以来，还从未征调过泰山以南的军队，也不曾渡过清河，涉过渤海去征调那里的士兵，光是国家的常备军就能绰绰有余地应付战争了，更别提那两部强军了。而且齐国的都邑临淄富有而殷实，人口众多，居民就有七万多户，足够凑齐二十一万大军，没有哪个国家能比齐国更强大。

接着指出齐国的战略失误：韩、魏两国畏惧秦国，是因为和秦国接壤，双方如若发生战争，十日内即可分出胜负。胜，则两败俱伤，兵力损失严重，四境无法保护；不胜，则国家将要灭亡，所以韩、魏才如此看重和秦国的交战，并且很容易向秦国臣服。但是齐国的情况就不同了，齐国地势险要、易守难攻，如果秦国攻打齐国，秦国就要孤军远征，这就犯了兵家之大忌，所以秦国明显不能对齐国构成威胁。如此有利的形势下，齐国却想着要去侍奉秦国，这是齐国谋臣们的战略失误啊。如今齐国没有臣服秦国之因，却有国富民强之实，所以希望大王稍微细细考虑一下，以便做出正确的决策。

齐宣王说：我居住在偏僻靠海的东境，消息闭塞，从未听过您如此高明的教诲。如今您奉赵王之命来指教我，我愿举国听从您的调遣。

苏秦说服齐国后，向西南行进，到达最后一个国家：楚国，游说楚威王。

苏秦也是先分析楚国面临的形势，进言说：楚国地方五千余里，军队有百万之众，战车千辆，战马万匹，存粮足够支撑十年之久，这些都是称霸的有力资本，如果您也侍奉秦国，那天下没有哪个诸侯敢不臣服秦国了。

接着分析天下形势，指出：秦国最大的忧患就是楚国，楚强则秦弱，秦强则楚弱，秦楚不能并存。合纵成功，楚国就能称王；连横成功，秦国就会称帝。所以最好的策略是合纵以孤立秦国，否则秦国兵分两路，发兵侵略楚国，都邑鄢郢就有危险了。

最后苏秦又提醒楚王：秦是虎狼之国，有吞并天下的野心，是天下诸侯的公敌。主张连横之人都想割地给秦，这是割肉敬奉仇敌，这类人是对外依仗强秦，对内挟持君主，罪大恶极啊。合纵成功，各诸侯会割地事楚。二者相比，一个天上，一个地下，希望您能好好考虑一下。

楚王说：秦楚接壤，秦一直有吞并楚国的险恶用心，不可亲和。韩、魏经常遭受秦国威胁，不可与之深入谋划，怕有叛逆之人告密，危及国家安全。我自料以楚抗秦，又没有百分之百必胜把握。与群臣谋划，有的也是心怀鬼胎，打着自己的小九九，皆不可信，因而终日辗转反侧，无法安睡。如今您打算统一天下，团结诸侯，保护危国，我愿举国服从。

至此，苏秦游说完各个诸侯，靠着一张巧舌利嘴，完成了近乎天方夜谭似的壮举，促使六国达成合纵联盟，团结一致共同对抗秦国。

合纵成功后，苏秦被任命为从约长（合纵联盟的联盟长），并且担任了六国的国相，同时身佩六国相印，也是古往今来第一人了。

通过最大限度地表现自己之后，苏秦年轻之时刺股苦读的故事也就天下传诵了。

说的是苏秦年轻之时穷困潦倒，每天读书到深夜，有时候不知不觉伏在书案上就睡着了。第二天醒来又感到后悔不迭，但又苦于没有什么好办法不让自己睡着。有一天，读着读着实在太困了，苏秦不由自主便扑倒在书案上，但他猛然惊醒，因为手臂被什么东西刺痛了一下。他一看，原来是书案上放着一把锥子，一般人的想法是马上找个创可贴贴一下（当然古代没有），但苏秦不顾流血的疼痛，想到的却是，我终于想到制止打瞌睡的办法了：就是锥刺股（大腿）！也可以看出他学习已经到嗜学如命的地步了。

以后每当要打瞌睡时，苏秦就用锥子扎自己的大腿一下，让自己突然"痛醒"，想起来都让人倒吸一口冷气，这该是多么痛的感悟啊。因为他经常锥刺股，他的大腿常常是鲜血淋淋，惨不忍睹。

家人见他这样，于心不忍，劝他说："你一定要成功的决心和心情我们都可以理解，但不一定非要这样虐待自己啊！"其实言外之意，只差没明说他有点变态了。

苏秦却回答说："不这样时刻警醒自己，我就会忘记过去的耻辱啊！"

然后的然后，就是他成功了。正可谓是人有多变态，就有多厉害。

诚然，每一个成功之人，他们吃苦耐劳的方式各不相同，有的喝马桶水，有的针刺大腿，一个比一个变态，一个比一个毛骨悚然，但是他们都有一个共同点，就是善于表现自己。

成功表现自己，那么你的所作所为就是万人传诵的经典；如若不然，你就是彻头彻尾的变态和疯子……

第四章　好风凭借力

第五章　品行重孝义

生而为人，孝义当先

第一节　从现在开始，对你的父母好一点

出生在中国，你应该庆幸。

因为中国父母是对孩子最好的，他们总是竭尽全力给自己的孩子最好的。

最好的吃穿，最好的衣服，最好的用度，最好的教育条件。自己从来舍不得花费的，在孩子身上都会毫不犹豫。我见过，一位在工地上一天只赚60块钱的母亲，毫不犹豫地为孩子支付高达1000多元的英语培训费，而自己连5块钱的热盒饭都舍不得吃，带点冷饭就开水囫囵吞咽。

这是真正带着汗水和体温的爱啊！

很少有人意识到，从你呱呱坠地的那一刻开始，除了欣喜之外，中国的父母就开始了受苦的历程，几乎是从被疼爱的孩子一夜之间转换成了疼爱孩子的父母。

他们一直眼巴巴地看着你长大，担心你的小考、中考、高考，担心你的健康和婚姻，等你有了孩子，还要担心孙子，直至死的那一刻，担心永不停歇。

中国有句古话，爱到三岁恨到老。

在人的一生之中，人和人享受到的物质财富是不同的，但唯有一样是相同的，那就是父爱母爱。无论你出身富裕还是贫穷，你享受到的来自父母的爱是同等的。

很多时候，我们都太容易忽视父母的关怀和爱意，因为我们得来太轻易，把它当成了与生俱来的天赋。

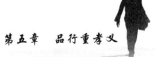

第五章　品行重孝义

所以，有时候你也许会费心竭力、挖空心思去讨好一个漂亮的女孩子，某个单位的领导，甚至陌生的朋友，却从来不会给自己的父母一句简单的问候。

每个人，也只有当他突遇危机或者缠绵病榻的时候，他才会明白，无论你有多好的兄弟朋友，肝胆相照的姐妹，当你到最困难的时候，能坚定不移、砸锅卖铁支援你的只有你的父母。因为他们无法选择，对你的爱是世界上最无私的情感。

所以请务必善待你的父母。从现在起，善待你年迈的父亲母亲。

在古代，中国就有著名的二十四孝图。孝义是为人处世的最基本准则，也是为官升迁的基本条件。

天地变迁，孝义永存。一个连父母都不孝顺的人，即使他取得天大的成就，也愧于天地之间。

当然，我们做不到古人那样躬身事双亲，但从现在起，请对父母好一点：每逢节假日送上一件小小的礼物，一句微不足道的问候，每周工作空闲之余少一顿应酬，陪着父母吃个便饭，带他们出去散散步，对他们而言，这些最简单的东西恰恰是最珍贵的礼物。

虽然说每一位父母都望子成龙、望女成凤，但其实每一位父母真真正正对孩子所求的并不多，他们并不奢求你光宗耀祖，也不强求你飞黄腾达，他们最大的心愿就是孩子一辈子健健康康，无病无灾。这些道理，直到我初为人父，才渐渐明白。

人的一生都是短暂的，最长不过百余年，大抵不过七八十载。等你长大成人后，你的父母其实已经风烛残年，再等你出人头地之时，上天留给你父母的时间其实已经不多了。当你看到这里的时候，请合上书本，和你的父母说一声谢谢，辛苦了，然后陪着他们一起做做家务，一起吃一顿便餐，一起出去走走。

莫到子欲养而亲不待的时候，后悔就晚了。

二十四孝故事（节选）

01 孝感动天

　　舜，传说中的远古帝王，五帝之一，史称虞舜。相传他的父亲瞽叟重新娶了妻子，就是我们俗称的后妈，后妈又生了个孩子，是他的异母弟弟，名字叫象。可想而知他的日子就不好过了。非但不好过，连活下去都困难。父亲及后妈多次想害死他（他父亲也有点变态了）：故意让舜去修补谷仓，等他爬到仓顶时，父亲和后妈就在谷仓下纵火，想烧死他，但舜手持两个斗笠，像降落伞一样跳下来逃脱了。没过多久，他们又想了一个歹毒的招数，让舜去掘井，等舜把井挖深之时，父亲瞽叟与幼弟象却把土推下去填井，想把他活埋，没想到这次舜还是靠掘地道侥幸逃脱了。事后舜非但毫不嫉恨，仍对父亲和后妈恭恭敬敬，对弟弟慈爱有加。

当然，他的这种孝心我们现代人是无法理解的，但他的孝行感动了天帝。舜在厉山耕种，天帝派大象替他耕地，飞鸟代他锄草。当时的君王帝尧听说舜非常孝顺，有处理政事的才干，于是就把两个女儿娥皇和女英都嫁给了他；经过多年观察和考验后，选定舜做他的继承人，拿现代人的说法，是祖坟冒青烟了，而且还是特大号烟囱。舜登天子位后，还常常去看望父亲，仍然恭恭敬敬，并封异母弟象为诸侯。

02 亲尝汤药

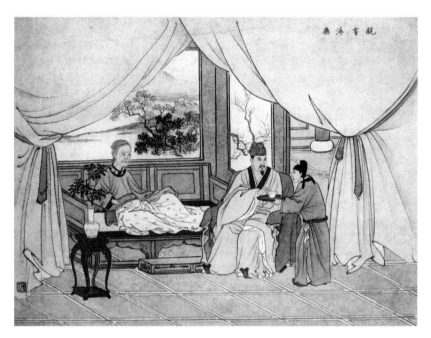

汉文帝刘恒，汉高祖第三子，为薄太后所生，高后八年（前180年）即帝位。他以仁孝闻名于天下，侍奉母亲从不懈怠。母亲卧病三年，他虽然贵为皇帝，仍常常目不交睫，衣不解带服侍在侧；母亲所服的汤药，他亲口尝过后才放心让母亲服用。他一共

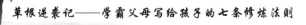

在位 24 年，重德治，兴礼仪，重视发展农业，使西汉社会稳定，人丁兴旺，经济得到恢复和发展，他与汉景帝的统治被史学家誉为"文景之治"。俗话说"久病床前无孝子"，在母亲患病三年的时间里，汉文帝贵为天子之尊，服侍他的宫女太监无数，但他仍然能数年如一日亲自照顾母亲，即使在现如今也值得我们学习。

03　啮指痛心

　　这个故事说的是孔子的得意弟子曾参，字子舆，春秋时期鲁国人，世称"曾子"，以孝著称。曾参少年时家庭贫困，常常入山打柴过活。有一天，家里来了客人，但母亲没见过大世面，不知道该怎么办，有点不知所措，情急之下只能用牙咬自己的手指。俗话说母子连心，曾参忽然感到心一阵阵钻心地疼，马上知道是母亲有事在呼唤自己，于是便背着柴迅速返回家中。回家跪问缘

第五章　品行重孝义

故，母亲说："有客人忽然到来，我咬手指盼你回来。"曾参于是接见客人，以礼相待。曾参学识渊博，曾提出"吾日三省吾身"的著名论句（见《论语·学而》），相传他著述有《大学》《孝经》等儒家经典，后世儒家尊他为"宗圣"。

04 百里负米

这个故事说的还是孔子的得意弟子仲由，字子路、季路，春秋时期鲁国人。他性格直率勇敢，对待双亲十分孝顺。早年也是家中贫穷，自己常常采野菜果腹，但却从百里之外负米回家侍奉双亲，通俗点讲，就是自己吃糠咽菜，却把好的白米饭给父母吃。父母死后，他做了大官，有一次奉命出使楚国，随从的车马就有百乘之众，所积的粮食有万钟之多。坐在垒叠的锦褥上，吃着丰盛的筵席，他常常怀念双亲，感慨说："即使现在我想去吃野菜，为父母亲去负米，却再也不能了啊！"表达了子欲养而亲不待的意思，孔子曾经称赞他说："你侍奉父母，可以说是生时尽力，死后思念啊！"（详见《孔子家语·致思》）

05　芦衣顺母

　　这个说的又是孔子的弟子闵损，因为儒家崇尚孝道，所以二十四孝里大多是孔子弟子的故事。闵损，字子骞，春秋时期鲁国人，在孔门中以德行与颜渊并称。孔子曾赞扬他说："孝哉，闵子骞！"（《论语·先进》）他生母死得早，父亲重新续弦，又生了两个儿子。同样的，他的后妈也是经常虐待他。冬天的时候，两个弟弟穿着用棉花做的暖和的冬衣，却给他穿用芦花做的一点都不御寒的假冒"棉衣"。有一天，父亲出门，闵损牵车时因寒冷打颤，将绳子掉落地上，遭到父亲的斥责和鞭打（在古代这很常见，

第五章　品行重孝义

不像今天，家家都像宝贝一样供着），芦花随着打破的衣缝飞了出来，父亲一看"棉衣"里没有棉花，尽是些芦花，这才知道闵损受到妻子的虐待。父亲气愤地返回家中，要休逐后妻。闵损却跪求父亲饶恕后妈，并说道："留下母亲只是我一个人受冷，休了母亲三个孩子都要挨冻。"他的以德报怨让父亲十分感动，就依从了他。他的后妈听到闵损还为她求情，心里悔恨知错，从此对待他如亲子，一家人也和和睦睦。

06　鹿乳奉亲

郑子，春秋时期人。他的父母年纪大了，患上了眼疾，估计是老花眼、白内障之类的，而又不像现在医疗条件发达，估计是老中医开了方子，说是需要饮鹿乳才能疗治眼疾。郑子便披上鹿皮进入深山，乔装打扮成一只麋鹿，混入鹿群中挤取鹿乳，拿回来供奉双亲。如此反复，在一次装鹿取乳时，郯子看见猎人正要射杀一只麂鹿，一来怕麂鹿被射杀了以后没法取鹿乳，而且在鹿群中待时间长了多少有点感情；二来也怕猎人技术差，射箭没准头误伤自己，所以郯子急忙掀起鹿皮现身走出，将挤取鹿乳为双亲医病的实情告知猎人，猎人知道后被他的孝顺感动，不但以鹿乳野味相赠，还护送他出山。

07　戏彩娱亲

老莱子，春秋时期楚国隐士，为躲避世乱，带着家人避入蒙山南麓，自耕自食。他非常孝顺父母，尽拣山中野味美食供奉双亲。他70岁的高龄了还童心未泯，尚不言老，常常穿着五色彩衣，手持拨浪鼓如小孩子般戏耍，以逗他百岁高龄的父母开心。有一次，他为双亲送水，进屋时不小心跌了一跤，他怕父母伤心，强

忍着疼痛，索性就耍赖似的躺在地上学小孩子号啕大哭，二老被他逗得哈哈大笑，瞬间年轻了不少。

08　刻木事亲

　　丁兰，相传为东汉时期河内人（今河南黄河北），幼年父母双亡，他经常思念父母的养育之恩，于是回想着父母双亲的样子，用木头刻成了双亲的雕像，对待木雕像就像对待真的父母一样恭敬有加。他凡事都要和木像商议，每日三餐也都是敬过双亲后自己方才食用，出门前一定禀告，回家后一定面见，从不懈怠半分。开始，他的妻子也和他一样恭恭敬敬地侍奉雕像公婆，但时间久了，他的妻子对木像就不太恭敬了，有一次丁兰外出了，妻子竟然好奇地用绣花针去刺木像的手指，而木像的手指居然有血流出，这把他的妻子吓了一跳。丁兰回到家中，见到木像眼中流出眼泪，质问妻子才知道实情，大怒之下将妻子休弃。当然，木像流泪这个纯粹是封建迷信了，就像电视剧里巫婆针扎小人一样。而且因为这样的原因就休书一封将发妻抛弃，多少有点不可理喻，不过他对父母的孝心却是值得提倡的。

09　行佣供母

　　江革，东汉时齐国临淄人，少年丧父，和母亲相依为命，他侍奉母亲极为孝顺。战乱中，江革背着母亲逃难，几次遇到匪盗歹人拦路抢劫。有一次，他背着母亲又遇到土匪恶霸，凶残的土匪想要杀死他，江革伏地大哭，哭告：我的老母亲年纪大了，我如果死了，老母亲就无人奉养了。就是电视剧中常见的桥段，遇到要被人处决就大哭，我上有八十岁老母，下有嗷嗷待哺的幼儿，但哭完还是被主角毫不犹豫地杀了。但这里不同，凶残的匪徒见

第五章　品行重孝义

他这么孝顺，也动了恻隐之心，不忍再杀他，于是放了他一马。后来，他迁居到江苏下邳，做雇工供养母亲，因为贫穷自己常常打赤脚，但是提供给母亲的饮食用度却异常丰富。明帝时江革被推举为孝廉，章帝时被推举为贤良方正，任五官中郎将。

10 怀橘遗亲

陆绩，三国时期吴国吴县华亭人（今上海市松江），古代著名的科学家。在他六岁的时候，他跟随父亲陆康到九江拜见袁术，袁术拿出橘子招待他们父子俩，当时橘子还是稀罕物，陆绩就偷偷往怀里藏了两个。拜见完毕，要告辞回去的时候，陆绩藏在怀里的橘子突突滚落地上，袁术见状嘲笑道："陆郎来我家做客，走的时候还要怀藏主人的橘子回去吗？"幼年的陆绩没有一丝惊慌，不卑不亢地回答说："母亲喜欢吃橘子，我想拿回去送给母亲尝尝。"袁术见他小小年纪就懂得孝顺母亲，十分惊奇。陆绩成年后，博学多识，通晓天文、历算，曾作《浑天图》，注《易经》，撰写《太玄经注》，也算是一代名家。由此也可见古人多早熟，在我们六岁之时，姑且只知道和父母哭喊要吃的，而陆绩见到好吃的却舍不得吃，偷偷带回来孝顺母亲，古人的这种孝心还是值得称道的，但方法不值得借鉴。

11 扇枕温衾

黄香，东汉江夏安陆人，九岁丧母，和父亲相依为命，对待父亲极其孝顺。酷夏时相当炎热，黄香就用扇子为父亲扇凉枕席；寒冬时天气变冷，他就用身体为父亲温暖被褥。黄香少年时就博通经典，文采飞扬，京师广泛流传"天下无双，江夏黄童"，说的就是黄香。他于安帝（107—125 年）时任魏郡太守（今属河北），

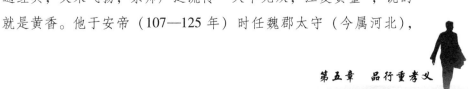

第五章 品行重孝义

有一次魏郡遭受水灾，黄香尽其所有赈济灾民，受到民众的大力赞誉。他著有《九宫赋》《天子冠颂》等文章。

12　拾葚异器

　　蔡顺，汉代汝南人（今属河南），少年时父亲亡故，对待母亲极尽孝道。当时正值王莽之乱，百姓民不聊生，又适逢饥荒，柴米昂贵，母子二人买不起白米，只得拾桑葚充饥。一天，蔡顺外出捡拾桑葚，恰巧碰到赤眉军，士兵厉声问道："你为什么把红色的桑葚和黑色的桑葚分开装在两个篓子里，有什么企图？"蔡顺回答说："黑色的桑葚味甜，供老母食用，红色的桑葚味酸，留给自己吃。"赤眉军怜悯他的孝心，也没有为难他，还送给他三斗白米，一头牛，让他带回去供奉他的母亲。

13　涌泉跃鲤

　　姜诗，东汉四川广汉人，娶妻庞氏。夫妻和睦，孝顺公婆。他的家距长江有六七里的路，妻子庞氏常到江边挑回婆婆喜欢喝的长江水，以供婆婆饮用。婆婆爱吃鱼，夫妻二人就经常做鱼给她吃，婆婆不愿意独自吃，他们又请来邻居老婆婆一起吃。一次因风大，庞氏取水晚归，婆婆没有水喝，姜诗怀疑妻子是故意怠慢母亲，于是将她逐出家门。庞氏寄居在邻居家中，昼夜辛勤纺纱织布，将积蓄所得全部托邻居送回丈夫家中孝敬婆婆。后来，婆婆知道了庞氏被逐之事，命令姜诗将其请回。庞氏回家这天，院中忽然喷涌出泉水，口味与长江水相同，每天还有两条鲜活鲤鱼跃出。从此，庞氏再也不用辛苦去挑水，每天便用江水鲤鱼供奉婆婆，一家人其乐融融。

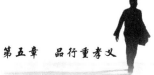

14 闻雷泣墓

　　王裒，魏晋时期营陵人（今山东昌乐东南），博学多才。父亲王仪被司马昭杀害后，他隐居江湖以教书为业，并且终身不面向西坐，表示永不做晋臣的决心。他的母亲在世的时候害怕打雷，死后他的母亲埋葬在山林中。每当风雨天气，听到雷声，他就跑到深山老林里，跪拜在母亲的坟前，并且安慰母亲说："裒儿在这里，母亲不要害怕。"他教书时，每当读到《蓼莪》篇（悼念父母的诗文，文中有哀哀父母，生我劳瘁等感人肺腑之言），就常常泪流满面，思念他的父亲母亲。

15 乳姑不怠

　　崔山南，唐代博陵人（今属河北），官至山南西道节度使，人称"山南"。崔山南的曾祖母长孙夫人，年事已高，牙齿脱落，祖母唐夫人十分孝顺，每天盥洗后，都亲自上堂用自己的乳汁喂养婆婆，如此数年，长孙夫人不再吃其他饭食，只吃人乳，身体依然康健（从生理学上讲，如果不生育婴儿是没有乳汁的，但在此不作深究）。长孙夫人病重，自知时日无多，就将全家老小召集在一起，训话道："我无以报答儿媳妇的奉养之恩，但愿子孙媳妇也能像她孝敬我一样去孝敬她。"后来崔山南做了高官，仍然遵照长孙夫人嘱托，和妻子一起孝敬祖母唐夫人，不敢有丝毫懈怠。

第五章　品行重孝义

16　卧冰求鲤

　　王祥，琅琊人，生母很早就过世，也是遇到一个心眼坏的后妈。他的后妈朱氏多次在他父亲面前说他的坏话，诋毁中伤他，于是他的父亲也跟着不喜欢他，他很少得到父爱。有一次他的后妈患重病，他衣不解带侍候在旁，后妈想吃活鲤鱼，适值天寒地冻，没有办法，他就解开衣服卧在冰上，用自己的体温去融化坚冰，在他冻得瑟瑟发抖之时，冰忽然自行融化，跃出两条大活鲤鱼。他的后妈吃下鲤鱼后，病也好了。王祥隐居二十余年，后来因为孝顺被提拔为官，从温县县令做到大司农、司空、太尉。现实中我们不必机械仿效此举。

17 恣蚊饱血

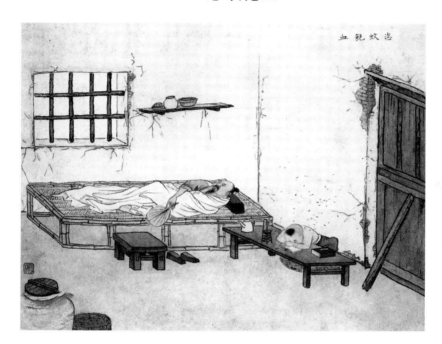

　　吴猛，晋朝濮阳人，在他八岁的时候就懂得孝敬父母。当时
家里贫穷，买不起蚊帐，更不像现在一样有六神喷雾剂，晚上睡
觉的时候，蚊虫叮咬厉害，使得父亲常常不能安然入睡。尤其是
夏夜的时候，蚊子更是嚣张。每当这时候，吴猛就脱掉衣服，赤
身裸体坐在父亲睡觉的床前，任凭蚊子叮咬而不驱赶，因为他担
心蚊虫离开后会去叮咬父亲。这样，每天他都被叮得满身红包，
而父亲却因此得以安眠。看到这里，确实不得不感叹古人孝心的
至诚。

18　扼虎救父

　　杨香，晋朝人。十四岁时随父亲到田间收割稻谷，正在劳作之时，忽然跑来一只猛虎，转瞬就把父亲扑倒叼走。杨香手无寸铁，情急之下为救父亲，全然不顾自己的安危，急忙跳上前，追上猛虎，用尽吃奶的气力扼住猛虎的咽喉。猛虎被他掐得喘不过气来，终于放下父亲灰溜溜地跑掉了。这个只能说杨香本人天赋异禀，力大无穷堪比武松，现实中不提倡。

19 哭竹生笋

　　孟宗，三国时江夏人，少年时父亲早早亡故，与母亲相依为命。母亲年老的时候生了一场大病，老中医嘱咐要用鲜竹笋做汤，老母亲的病才能好（从这里，我们也可以看出，古代的医生为病人开的药方子有时候挺为难人的，比如新鲜鹿乳、冬天的活鲤鱼、千年老人参、百年天山雪莲等，很少有人能办到，也体现了古人的智慧，凑不齐药方，病治不好可不能怪我啊。当然这只是个笑话，当不得真）。当时恰好是严冬季节，没有鲜笋出土，孟宗无计可施，只得独自一人跑到竹林里，抚竹痛哭。这时，他忽然听到噗噗的地裂声，只见土地上突然长出数根鲜嫩的竹笋。孟宗见后大喜，赶忙采回鲜笋做汤，母亲喝后果然病就好了。后来他仕途顺利，官至司空。

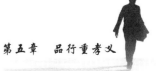

第五章　品行重孝义

20　尝粪忧心

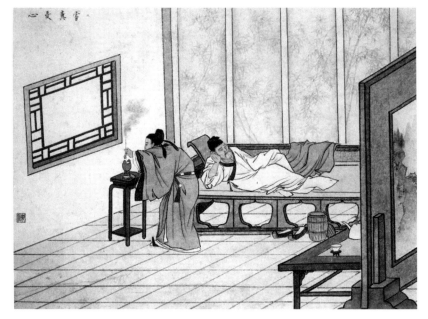

庚黔娄，南齐高士，任孱陵县令。他走马上任不满十天的时候，忽然觉得心惊流汗，坐卧不安，预感到家中可能有事发生，当时又没有实时通信，来往靠信件传递相当缓慢，庚黔娄当即辞官返回家乡。回到家中，看到父亲已病重两日，眼看情况不妙。医生嘱咐说："要知道病情吉凶，只要尝一尝病人粪便的味道就可以了，如果味道是苦的，那么就不用担心，如果味甜那就大大不妙了。"黔娄担心父亲安危，于是就尝了尝父亲的粪便，发现味道是甜的，内心十分忧虑，夜晚的时候他虔诚地跪拜北斗星，乞求以身代父去死。遗憾的是几天后父亲还是去世了，黔娄安葬了父亲，并遵循祖制守孝三年。尝粪辨吉凶这一招虽然恶心，但孝心可嘉，不过没有科学依据，不建议尝试。

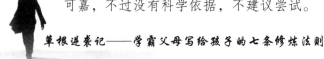

草根逆袭记——学霸父母写给孩子的七条修炼法则

21　弃官寻母

　　朱寿昌，宋代天长人，他的母亲刘氏属于小妾，家庭地位很低。在他七岁时，他的生母刘氏被嫡母（父亲的正妻）嫉妒，被逼迫着远走他乡，改嫁他人，此后他就再也没有见到过亲生母亲，50 年来母子音信不通，失去了联系。神宗时，朱寿昌在朝做官，曾经刺血书写《金刚经》，四处打听生母的消息。有一天他终于得到线索得知他的母亲有可能在陕西。于是朱寿昌果断辞官，赶赴陕西寻找生母刘氏，并发誓找不到母亲就永不返回。功夫不负有心人，他终于在陕西找到了生母和两个弟弟，母子痛哭欢聚，这时母亲已经七十多岁高龄了，不过好在一家人终于团聚。后来一家人高高兴兴返回家乡，和睦相处。朱寿昌对待母亲十分孝顺，使她晚年得以颐养天年。

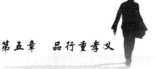

第五章　品行重孝义

22 涤亲溺器

　　黄庭坚，北宋分宁人（今江西修水），著名诗人、书法家，为盛极一时的江西诗派开山鼻祖，著有"桃李春风一杯酒，江湖夜雨十年灯"等脍炙人口的佳句。他虽才高八斗，身居高位，侍奉母亲却竭尽孝诚，每天晚上睡觉前，他都要亲自为母亲洗涤溺器，说直白点就是洗尿盆，没有一天敢懈怠，时刻谨记履行一个儿子应尽的职责。光凭这一点，他就值得我们所有现代人崇敬和学习。

第二节　善待你身边的每一个人

在人的一生之中，你会遇到很多人，他们之中有的是你温馨的至亲之人，有的是你熟悉的兄弟朋友，有的也许只是萍水相逢的泛泛之交。

大部分人会觉得，我只要对我的亲人、兄弟姐妹、朋友同事友好即可，一些泛泛之交犯不着友好对待，哪怕不给他们好脸色也无妨。

其实不然，很多时候，往往是你最不在乎的萍水相逢的小人物给你带来致命一击。

历史上就发生过很多这样的例子，有时候因为一碗小小的羊肉也会引发亡国血案。

公元前 607 年，郑国出兵攻打宋国。宋国派华元为主帅，统率宋军前往迎战。两军交战之前，华元为了鼓舞士气，杀羊犒劳将士。忙乱中忘了给他的马夫羊斟分一份，羊斟便怀恨在心。交战的时候，羊斟对华元说："分发羊肉的事你说了算，今天驾驭战车的事，可就得由我说了算了。"说完，他就故意把战车赶到郑军阵地里去。结果，堂堂宋军主帅华元，就这样轻易地被郑军活捉了。宋军失掉了主帅，因而惨遭失败。

另据记载，中山国也是因一碗羊肉汤而亡国的。根据《战国策》上的记载，中山国的国王，有一次，也同样熬了一锅羊肉汤，犒赏群臣，有个叫司马子期的小臣也在场。但是，在打羊肉汤的时候，人人都有一碗，偏偏轮到司马子期的时候，锅里空了，没

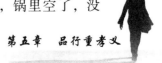

第五章　品行重孝义

有汤喝了，拿着个空碗，看别人有滋有味地喝着，司马子期心里怒火中生，思想一跑偏，就容易极端。司马子期决定报复，于是偷偷投靠楚国，把中山国的军事机密，都告诉了楚国国王，并且鼓动楚王，灭掉中山国。果然，楚国按照司马子期提供的军事机密，出兵偷袭，中山国很快被灭，中山国的国王，开始到处流亡。

举这些例子，就是要说任何时候都不要轻视你身边的每一个人，哪怕有时候他们微不足道。

钱钟书曾经说过，有的人就像爬树的猴子一样，上面的猴子看到的是它的笑脸，而下面的看到的是它的屁股。意思是说我们很多时候对待比自己厉害的人总是笑脸相迎、慈眉善目，而对待比不上自己的人，总是不假辞色、冷眼相对。诚然，嬉颜媚上也是人之常情，冷眼欺下也可以理解，但如若跳不出此类市侩之举，也注定与常人无异。

为人处世的极致在于能做到温和平等地对待身边的每一个人。大到领导，小到路边的一个小贩，或者是平凡的门卫、清洁工，都能始终如一，恰到其好。

细思极恐，新闻里街头巷尾每天发生的争端争执，甚至是动手动刀，大部分不都是一些鸡毛蒜皮的小事产生的吗？替换思考下，如果争执的对象是你的亲戚朋友，因为这点小事，你还会和他争执冲突吗？

我曾经的一个同事，她生性乐观，按照她的说法，每一个出现在她生命中的人都是上天做好的安排，所以她在工作生活中对每一个人都关怀备至，虽然她业务上并不突出，但是无论换了多少领导和同事，大家对她的评价都很高，我想这样的人无论在什么样的环境中都能如鱼得水的。

在中国这种根深蒂固的人情社会里，讲究的是投之以桃，报之以李。你对别人好，只要对方不是铁石心肠之辈，总也会回馈于你，有时候往往就是雪中送炭。

所以，善待身边的每一个人，有时候，哪怕仅仅是付出一个廉价的微笑，你也会收获一整个温暖的人生。

我在银行做信贷员的时候，所管辖的区域有一所二本院校，附近村子里的村民都不种地了，都围着院校做些学生的生意，例如小吃摊、小超市之类的，收入比种地强多了。

经济越旺盛，贷款需求也就更旺盛。

我们银行专门针对农户推出了小额农户信贷业务，因为方便快捷广受老百姓欢迎。

我认识一户夫妻，他们是典型的中国老百姓的缩影，纯朴老实，在我们银行也是老客户了，贷款贷了七八年了，从几千元一直到现在的几万元，一直没有违约过。

那年他们又来贷款，说是贷 10 万元，打算在院校里开个小吃店，看着他们对生活充满了希冀，加之一直以来信誉良好，我们也就立刻放款了。

后来，到了季度偿还利息的时候，我发现他家竟然欠息了，这在以前是从来不会发生的。于是我赶到他的家里，发现他们夫妻俩愁眉苦脸。

我一问得知，原来是他们开小吃店被骗了，骗他们的是该院校里体育系的一名姓李的大四学生。李姓学生先是骗他们说开小吃店赚钱，让夫妻俩去贷款，然后又说开服装店更赚钱，让夫妻俩把 10 万元钱给他去进货。李姓学生凭借着一张巧舌让夫妻俩傻乎乎地相信了他，而他拿到钱后非但没有去进衣服，而是胡吃海喝都花掉了。

看着老实的夫妻俩愁眉不展，我建议他们去向学校反映，扣押李姓学生的毕业证，因为他是外地学生，今年已经大四了，如果过段时间一毕业，估计人都找不到了。或者直接走法律程序，我可以介绍律师给他们。

夫妻俩犹豫了很久，却说道，年轻的时候谁都会犯错，怕去学校反映毁了那孩子的一辈子，还是希望他能主动把钱退回来。末了，又安慰我说，让我放心，贷款他们就是砸锅卖铁，哪怕是去卖血卖肾也会及时还上。

我的眼眶不禁湿润了，这就是我们国家的老百姓啊，努力、质朴、吃苦，即使被欺骗了，即使面对生活的重压仍然保持对生活的希望。

我为夫妻俩申请了延期还款。

对于该李姓学生，我心里充满了愤慨。

作为新一代的青年，不想着努力学习，却总是想走些歪门邪道，甚者连质朴的农民都会去骗，这种人的人性实在是可以忽略不计。在大学里，他应该修的不是技，而是德。

后来，我听说李姓学生又故伎重施，骗了好几个人，其中也包括他的同学，说是去投资什么理财产品，实际就是传销，金额高达七八十万元。在他毕业的头天晚上，他深夜回来，在校门口被不明人士砍伤，以后再也没有听到他的消息。

而那对质朴的农民夫妇虽然最后也没有拿回欠款，但是小吃店最终开起来了，因为诚实经营，而且就在学校附近，生意异常火爆。

我举这个例子，并不是相信佛家的因果循环，善恶有报，而是要告诫诸位，一个心中没有良善的人，他加给别人的恶最终也会返还到他的身上，甚至有可能会加倍。而善待他人的人，生活必定不会亏待于他。

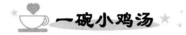 一碗小鸡汤

善待他人，也许就是成全自己

以前看到过这样一个故事：有位跛脚的乞丐，白天上街靠四处乞讨为生，晚上来到郊外一家别墅旁的水泥台阶上过夜，因为那里环境幽雅，无蚊虫叮咬。过了不久，别墅的女主人就发现了这位夜宿其门外的乞丐，执意要赶走乞丐，她嫌乞丐又脏又乱。

男主人看乞丐可怜，劝阻妻子说："看他也怪可怜的，就让他在外面睡吧，又不影响咱们！"男主人不但没有赶走乞丐，反而每天都递给他一些吃不完的水果、饭菜。时间过去了几个月，乞丐依然乐呵呵地朝出暮归，男主人也经常给乞丐送点吃的喝的。受老公的影响，妻子也时不时接济下乞丐，算是默认了乞丐的存在。

有一天晚上，男主人徒步回家，就在快到家门口的马路边时，突然被一个歹徒持刀截住，要他交出钱财。男主人本能地大声喊叫："打劫！"于是拼命地挣脱、搏斗。

歹徒情急之下用刀子刺伤了男主人的手臂，听到男主人还在大喊大叫，一咬牙就要下狠手。就在这时，只听见脑后一阵凉风袭来，歹徒"哎哟"一声惨叫，抱头倒在了地上。

男主人很是吃惊，抬头一看：夜色中，有一个人颤颤巍巍手举"打狗棒"立在那里，这熟悉的身影正是跛脚的乞丐，原来是乞丐听到男主人熟悉的叫喊声，走过来看到抢劫那一幕，所以用拐杖打倒了歹徒，救了男主人一命……

看着老乞丐憨厚的傻笑，男主人心里充满了感激。

看后，我也深有感触：男主人没有因为他是一名乞丐，而鄙视轻贱于他，恰恰是这一简单的善举帮助他逃过生命的一劫。

这不禁让我想起了小时候的一个故事。

小时候生活非常穷苦，不像现在这么多零食，我还记得当时我们孩子的零食主要就是那种像小金箍棒一样细长的糖，吃起来凉凉的，但是没钱也不能经常买。小孩子都是嘴馋的，所以那时候田间地头、山上水里到处都是我们的地盘，我们几个小伙伴上树掏鸟，下河摸鱼，个个都是一把好手。

那时候我们最喜欢做的事就是"偷吃"——到农家地里掰玉米、挖红薯、烤毛豆、摘石榴等，为此，没少招村里人的骂。而且我们当地村子里民风彪悍，有时候会被大人拿着扁担追得在田地里四散奔跑，不幸被抓到少不了一顿胖揍。但是我们从来都是记吃不记打，一旦吃瘾来了，大伙便忙着"干活"，依然我行我素。

有一次，我们到一户农家的地里偷四季豆，大伙七手八脚，几分钟就解决了战斗，兴奋的是还没被逮到。我们去偏僻的山脚挖好坑，拾好柴，点起火，架好锅，也不过半小时的光阴，就煮好了豆子。

一同行动的伙伴中有一个叫"小憨"的十岁男孩，因为小时候高烧留下后遗症，脑子不太灵光，整天傻乎乎地跟在我们身后，大伙都喜欢拿他当笑料。每次行动都是他负责放哨，弄到好吃的东西一般不分给他，难吃的吃不完的才会给他点，他也总是乐此不疲。像这次的美味，肯定没他的份，我们五六个人一会儿工夫，就扫个精光，小憨只得在一旁眼巴巴看着我们咽咽口水。

可是，吃后不到 10 分钟，我们全部喊肚子疼，浑身乏力，有的直接呕吐起来，连苦胆水都吐出来了。这时，小憨看到我们的样子，一撒腿就跑了。

我们心想坏了，这个傻帽关键时候又犯傻了！

过了没多久，没想到小憨又满头大汗地跑回来了，身后还跟着几位大人，原来他是跑回村里喊人帮忙。

大人一看就知道我们是因为嘴馋，四季豆没有煮熟就吃，导致食物中毒了，于是立马把我们送到镇医院，洗胃、打针……我至今都记得医用管子从嘴里插入肚子的那种翻江倒海的感觉，绝不想再来一次。

医生说，幸亏及时送来，要不毒素全被胃部吸收，会引起胃出血，情况就严重了。

这件事后，我们都把小憨当作心中的"英雄"，对他的看法也彻底改变，谁也不会看不起他，不再欺侮他，甚至还处处关心他，当然有好吃的必定少不了他的那一份。

十多年过去了，这事在我心中依然记忆犹新，我也深有感悟，时刻提醒自己，无论什么时候都要善待身边的每一个人。任何时候都不能太自以为是，把自己想得太高贵，千万不要看不起任何一个人，哪怕是乞丐，说不定有时他还会在你最需要的时候给予你意想不到的帮助。

第三节　拥有一颗感恩的心

西方有传统的感恩节，在我们中国，虽然没有当作节日来庆祝，但感恩的道德传统历经千年，一直代代相传，比西方还要源远流长。

如最早出自《诗经》的"投桃报李"："投我以木桃，报之以琼瑶"，在春秋时代就教育我们要懂得感恩。

第五章　品行重孝义

再到战国《左传》记载的"结草衔环"：结草说的是一位士大夫将其父亲的爱妾另行嫁人，不使殉葬，这位爱妾的父亲为替女儿报恩，将地上野草缠成乱结，绊倒了恩人的敌手，以感谢对其女儿的照顾；衔环说的是有个儿童挽救了一只受困黄雀的性命，黄雀衔来白环四枚，声言此环可保恩人世代子孙清白，身居高位。后人将两个典故合成一句，比喻受人恩惠，定当厚报，生死不渝。

还有唐代诗人孟郊的《游子吟》："慈母手中线，游子身上衣。临行密密缝，意恐迟迟归。谁言寸草心，报得三春晖"，比喻父母的恩情深重，难以报答。

明朝《增广贤文》一书也记载有"羊有跪乳之恩，鸦有反哺之义"的典故，说的是小羊跪着吃奶，小乌鸦长大了会反过来喂养老乌鸦，以报答父母的养育之恩。

感恩的传统美德从古至今都一样被推崇。拥有一颗感恩的心，你就会对世间的诸多事情改变看法。如果你习惯于感恩父母的养育之恩，领导的知遇之恩，同事之间共同工作的缘分，甚至只是简单地感恩你今天有一个健康的身体，那么你每一天活得都是快乐的。

在中国，我们也有"滴水之恩当涌泉相报"的感恩传统，只是有时停留在道德说教阶段，并未潜移默化到人们的日常习惯之中，所以，各种愤世嫉俗的人不在少数，这种现象在如今高度发达的网络社会上尤为突出。

你细细观察就会发现，只要网络上曝出诸如城管和农妇冲突、拆迁等之类的新闻话题，评论区里清一色都是不分青红皂白的攻讦言辞和怨气冲天，虽然发表评论的人都不在场，但是搞得跟都是现场见证人一样。

而这些网络喷子们其实大都不是沦落社会底层之人，相反都是有一份正经工作，能衣食不愁的青年一代，按理说是有理想、有道德的一代，却恰恰是最轻易被舆论俘虏蛊惑，失去自己的判断，呐喊得最凶的一群人。正应该是最阳光的一代，却草草沦为批评现实主义者。

我们青年一代，缺少的恰恰是一颗感恩的心。

诚然，我们大部分年轻人的生活谈不上富足，但是至少是安定的，不愁吃穿的。还记得有部电影叫《卢旺达饭店》，在混乱的国家，人命如草芥的景象深深震撼人心。不久前三岁的叙利亚小难民 Aylan 倒在海滩上的照片，让我的心灵受到很大的冲击，我也刚刚有自己的小孩，同在一片蓝天下，而他们却是截然不同的命运。

所以我一直很感恩，我生活在一个安定的环境中，有一份稳定的工作、有自己的家庭，不用担惊受怕炮弹就落在自家门口，不用担心哪天出门上班就回不来了。哪怕工作苦点、累点，相对于四处奔波、支离破碎、残垣断壁，我们生活在巨大的幸福之中。宁做盛世犬，勿为乱世人，说的就是这个道理。

以前，我刚刚进入农信社工作的时候，我也曾经有过怨怼，那时作为新员工，我们都要被分配到农村工作，作为一名名校毕业生，当时被分配到偏僻的农村里，我也颇多怨词。

记得当时，我们联社的领导亲自书写了一篇关于感恩的晨读文章让我们每天早上朗读背诵，当时我很快就能熟练背诵，但是往往走嘴不走心，内心深处是不以为然的。

尤其是当我看到穿着时尚，悠闲地逛街的情侣时，我都会投以羡慕的眼光，然后开始抱怨休息时间太少，抱怨没有双休，上班就跟"服刑"一样没有自由，和媳妇只能一个月见一次面。

直到有一天当我经过站满临时务工人员的老影剧院时，看到几十上百的农民工在焦急地、忐忑地等待着一个工作机会，看到那一双双焦急的绿胶鞋、一双双布满老茧的双手和一双双翘首以盼的眼睛，我的心一瞬间突然被触动了，我是恰恰没有这种抱怨的资格的。

于是，当每天早上再次诵读那篇感恩的鸡汤文时，却是字字如砖般敲在我心头上：

感恩父母给予我生命，抚育我成人，我爱我的父母，我要尽心尽力地孝顺他们。

感恩亲友给予我力量，鼓励我前行，我爱我的亲友，我要真心诚意地对待他们。

感恩客户给予我们机会，为我们创造价值，我爱我的客户，我要热情贴心地为他们服务。

感恩同事领导，给予我帮助和关怀，宽容与理解，让我不断战胜一个个困难，增强自信心。

我爱我的同事领导，我拒绝指责与推诿，心怀宽容与理解，拒绝争吵与冷漠，心怀和谐与关爱，拒绝欺骗与自私，心怀真诚与团结。

感恩单位给予我施展自身才华，实现人生价值的舞台，我爱我的单位，我服从集体利益，服从领导安排，忠诚奉献，勤勉尽责，时刻谨记合规从我做起，安全由小防范，客户因我而满意，风险在我这里杜绝。

一念之差，终生后悔，贪欲、失德与腐败，都将给自己亲友和单位带来耻辱。

我承诺：

坚决不做赌鬼、酒鬼、色鬼、内鬼和财迷，不为利所动，不为色所迷，廉洁自律，珍惜令人羡慕的工作机会，为在单位工作而骄傲自豪。

一切权力在阳光下运行，集体利益高于一切，荣誉胜于生命。

我承诺，不做有损集体荣誉的事，不说有损集体荣誉的话，时刻维护单位的荣誉，不偏激、不抱怨，有任何问题疑惑逐级向领导反映。不造谣、不信谣、不传谣，良好的心态比智慧更有力量。

我承诺，以一颗感恩的心对待父母、对待亲友、对待客户、对待同事、对待领导、对待单位，以一颗阳光的心态打造自己的金饭碗！

自从每天早上组织晨读以来，我们单位员工的精神面貌得到了很大改观，更加珍惜各自的工作岗位，工作热情不断高涨，不得不承认，情绪是具有传染性的，好的精神面貌也会互相感染，所以自那以后单位的各项指标确实是节节攀升。

我想，这和西方人饭前祷告是一个道理，将感恩的理念融入了我们的日常习惯之中。

有一位经济学家说得好："不管我们的工作是怎样的卑微，都应当怀着一颗感恩的心，付之以十二分之热忱。这样我们才会从平庸卑微的境况中解脱出来，不再有劳碌辛苦的感觉，这样才能使我们的工作成为乐趣，才能真心实意地善待每一位客户。"

生活和工作都如一面镜子，所不同的只是照镜子的人，你笑，它就对你笑；你哭，它就对你哭。舍弃抱怨，学会感恩，用阳光的心态去看待这个世界，打开另一扇"窗子"，我们才会收获更多的成就、更多的快乐。

学会感恩，才配拥有更多！

感恩的力量

楚庄王，芈姓，熊氏，名旅，春秋时期楚国国君，是春秋时期的五霸之一，他即位时年龄尚不足20岁，相当于我们读大学的年龄。当时楚国面临内忧外患，外有诸侯国虎视眈眈，国内还爆发了严重的叛乱，但在他的励精图治之下，楚国逐渐恢复生机，并最终实现了饮马黄河、问鼎中原的霸业。他的典故很多，后世对他的评价也很高，如"不鸣则已，一鸣惊人"的故事说的就是他。

作为一位治国有方、万人称颂的君王，他的识人用人之术也达到了炉火纯青的地步。

相传有一年，楚国的军队接连打了几次大胜仗，疆域不断扩大，楚庄王非常高兴，于是专门在宫中举办宴席庆功，款待犒赏有功将士。

宴会上，楚庄王下令将士们放开手脚不必拘束、举杯开怀畅饮，为助酒兴，还特意让他的爱妃许姬为每一位有功将士敬酒。

许姬是位风华绝代的美女，她遵照楚庄王的命令，面带笑容地走到每位将士面前，一一敬酒助兴。

参加宴会的人中，有一个叫唐狡的将士，轮到许姬敬他酒时，他早已喝得酩酊大醉，醉眼朦胧之时，恰见许姬飘然如仙地向他款款走来，以为是天仙下凡。而正在此时，一阵歪风袭来，宫中蜡烛都被吹灭了，顿时陷入一片漆黑。酒壮色胆，唐狡趁此机会，竟情不自禁地用手去拉许姬的衣服，并沉浸在可口的小酒、可爱的小手的幻想之中。没成想许姬拼命挣脱，并迅速机智地拔下了唐狡头上的帽缨。

许姬跑到楚庄王面前，娇喘吁吁地哭诉说："大王，有人想趁黑调戏侮辱我，我顺手拔下了他的帽缨，您赶快下令点上蜡烛，揪出这个色胆包天的狂徒，为我雪耻！"

这突如其来的非礼事件把众将士惊得目瞪口呆，大厅里顿时陷入一片死寂，众人大气都不敢喘。唐狡更是吓得冒出一身冷汗，酒也吓醒了。当时的那个年代，调戏君王爱妃可是诛族的死罪。唐狡追悔莫及，吓得面色惨白，豆大的汗珠簌簌落下，偏又毫无办法，只得垂头丧气等待楚庄王惩处。

但出人意料的是，楚庄王听完许姬的小报告，非但没有龙颜大怒，反而以责备的口吻对许姬说："酒后失礼是人所难免的，这是无心之过，我怎么能因此就轻易去惩治一位刚从战场上拼杀下来的英雄呢？"

说罢，便下令道："先不要点蜡烛，今夜君臣欢宴，不拔去帽缨不能尽兴，大家都把帽缨拔下来吧，我们不醉不归！"

于是，所有的将士都听令拔去了自己的帽缨。

大厅的灯火又明亮起来，但大家的帽缨都已拔下，已然分不清刚刚是谁胆大包天非礼许姬了。

唐狡鬼门关前走了一圈，缓了口气，暗呼侥幸，偷偷擦去头上的冷汗，心里对楚庄王无比感恩，如同父母再造之恩一般。

时间又翻过几年，楚国又与邻国发生战争，这回楚庄王御驾亲征，亲率三军督战。两军对垒之时，唐狡请求带百余人做开路先锋，就是我们俗称的敢死队。

自古横的怕不要命的，是役，唐狡身先士卒，带领这百余炮灰敢死队，以一当百，勇猛拼杀，所向披靡，直杀得敌军胆战心

第五章　品行重孝义

惊，屁滚尿流，丢盔弃甲。楚庄王见状，立马抓住这有利时机，率领大军紧随其后，长驱直入，杀得敌军血流漂橹，打了一场漂亮的遭遇战。

战争结束后，楚庄王见麾下有如此猛将，心中大喜，决定重赏唐狡。

唐狡摸摸后脑勺，不好意思地说道："我受大王恩典已经很厚重了，大王有所不知，几年前的宴会上我对王妃无礼，大王王恩浩荡，施恩没有杀我，我现在就算肝脑涂地也报答不完您的恩典啊，怎么还敢领赏呢！"

楚庄王听后十分感动，非但没有责罚，还重重奖赏了唐狡，自此以后，唐狡更是死心塌地为楚国卖命拼杀，开疆辟土。

第四节　钱不在多，够用就好

不可否认，贫寒人家出身的孩子，往往都会把金钱看得较重，这种习惯的养成一般是和一个人的出身环境息息相关的。很多时候，这种节俭会让很多富家子弟嗤之以鼻，甚至觉得不可理喻，唯有从小真正吃过苦的寒门子弟才会感受到。也唯有连上学的学费都要担忧、生活费都要精打细算的寒门子弟能真正理解。

诚然，节俭能让贫寒人家的子弟积累财富，古语"成由勤俭败由奢"，说的也是这个道理。

但是，在现如今，物质条件高度发达充裕的今年，过分的节俭，甚至对自己过于苛刻，实在是不恰当的。

现代社会高度发展，给我们提供了一个完全不同于以往的世界。只要付出一定的金钱，你能得到很多古人甚至一辈子都无法想象的东西。比如说，你只要愿意付出一张机票的价钱，你可以一天之内朝发夕至，到达世界的任何一个角落，开阔你的视野，这在以前是无法想象的。

现代社会给我们提供了很大的便捷，温饱已经解决，不再是吃饭都要数着米粒过的年代，如不善加利用，就是浪费这大好时代了。

对于年轻人而言，对提升自己内在修养、身体素质的金钱开支万万不能节省。比如适当的旅行、定期的健身、身体的保养、不定期的优质享受等花费必须"舍得"。

我年轻的时候，有时候为了省下一顿饭的钱，宁愿经常吃泡面，直到吃得吐。有的时候为了省下早餐钱，宁愿早上不吃早点。出门在外宁愿忍饥挨饿，亏待自己，也不愿多花费一点去饱餐一顿。

其实，只要你细细算下来，终其一生，你能节省下来的金钱并不多，反倒是如果把身体弄糟糕，你还要花费更多的金钱去医治保养调理，还不见得会好转，这是一笔不划算的经济账。

所幸的是我提早认识到这个问题的严重性，以前节俭的习惯并未对身体造成大恙。

当然，我这样说也不是鼓励你去大手大脚。

凡是对自己身体、身心有益的开支不可节省，但是不必要的花费也要加以节制。尤其是在这个花花世界，如果总是沉迷于纸醉金迷，物质享受，这是极不可取的。

比如说，你宁愿几个月去吃泡面，仅仅只是换取一个苹果手机。当然更不是鼓励你去学习随便在夜店里花费数百万元的阔少，首先你得有厚实的家底。

如果你对自己的身体健康、技能提升、内在修养从不吝啬，

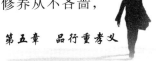

甚至挥金如土，那么你是洒脱的；如果你不惜亏待自己，只为买一件漂亮衣服、一个漂亮手机，甚至在朋友面前充面摆阔，那么我只能说你太傻。

年轻人一定要树立正确的金钱观。钱不是越多越好，而应该是够用较好。

很多贪污受贿的官员，动辄数千万、上亿的巨额贿金，他这一辈子能用得完这么多钱吗？

我在银行工作，体会过那种数钱数得手抽筋的感觉，一个人是没必要拥有这么多的钱的，对他们而言，他们甚至不知道这么多钱到底有多少，更多时候只是一个毫无意义的银行数字的递增。

有的会说，要留给子孙后代，有一句话说得好，若子孙不如我，留财再多也被败，若子孙强于我，留财再多有何用？

很多贪官，直至牢笼加身的一刻方才悔不当初，很多年轻时都是贫寒子弟出身，年轻时"穷怕了"，以至于后来没有正确认识金钱，最终沦为金钱的奴隶，实在是可惜可叹。

那么，财富多少合适呢？

这是一个很难的问题，因为即使是亿万富翁，他的钱多得数不胜数，他也在天天操劳，不断累积财富，永无止境，甚至这种人节俭更胜常人。

当然，这些人的日常开支要更讲究，也没有可比性。比如说，对一般人来说，平时下个餐馆就是奢侈，他们随便一顿饭都要空运法国鱼子酱加顶级鹅肝，再配点有格调的红酒。

就普通人而言，我个人认为钱的额度应界定于能满足你的开支，让你不必为吃喝拉撒、孩子读书就医等而烦恼，也能应付突发的大病袭击，这样即可，这个额度我个人认为 200 万足矣（我指的是二线城市，北上广筶人听闻的房价不在此列）。

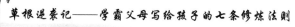

草根逆袭记——学霸父母写给孩子的七条修炼法则

一套房、一辆车、一点投资、部分存款，至此足矣，你应该停止无休无止的加班和长期以健康换取金钱的劳苦，带着父母和孩子定期去旅游或是远足，参加适当的健身，偶尔去去高级餐厅，偶尔享受高雅的音乐会。

享受生活，活出精彩。

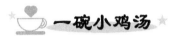 一碗小鸡汤

从节俭到精致

不知道你有没有发现这样一个怪现象：在你的身边那些习惯大手大脚地请朋友吃饭或者花钱的人，到现在依然有能力大手大脚地花钱，而那些每次一到付钱的时候不是银行卡丢了就是没有带钱包，或者借故上厕所的人，多年之后依然过着也许说不上拮据，但更谈不上富裕的生活。

似乎是越舍得花钱的人越有钱，越舍不得花钱的人却越穷。

我有一个同学，平时生活相当节俭，节俭到什么地步呢：早上从来不吃早餐，能从同学那里蹭点馒头包子就蹭，蹭不到就干脆饿着肚子，他烟瘾很大，但几乎从来都不主动带烟，很多时候就尽量往烟民同志堆里靠，能蹭到一根算一根，偶尔买了一包也从来舍不得发给大家。参加同学朋友婚礼，往往都是借故忘记，同学聚会也很少见到他的身影。而且还喜欢借钱，从几十到几百不等，借了又不还。后来工作了多年还是这个样子，出门上班一直都是坐公交，有紧急的事也从来舍不得打的，在我们都用上苹果手机的时候，他还用着几年前的诺基亚小蓝屏。

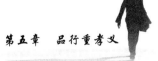

照理说，他这样节约，只进不出，应该能节约致富，因为日积月累确实可以攒下很多钱。

然而，不幸的是几年之后，他得了严重的肝炎，估计也和他以前节俭而不爱惜身体的行为有关。自此，他所有一分一厘积攒的没有舍得花的钱，全部花完，朋友亲戚们能借的几乎都借遍了，犹豫他以前有借钱不还的作风，愿意借给他钱的人也寥寥无几。最终，他好不容易积攒钱财买下的房子，也不得不低价卖掉去治病，遗憾的是最终欠了一屁股债不说，身体也是时好时坏，只能靠吃点廉价的药物维持，生活很是落魄。

从这个事例来看，节俭未必就能致富。

中国历来信奉"成由勤俭败由奢"的理论，因为省一块钱总是比挣一块钱容易些，所以大部分是坚信节俭能致富的，但从这个事例来看，过于苛刻的节俭未必就能致富。

我的母亲也是个要强、善良而又节俭的女人，当时我和我的姐姐都考上了重点大学，她并没有传统的农村重男轻女的思想，所以，为了我们的学费，她年轻的时候就开始疲于奔命，田间地头到处忙碌，等到好不容易将我们姐弟拉扯大，却落下了一身的病。即使到后面生活渐渐好了，仍然保持着这种节俭勤劳的习惯：早上要坚持做早餐，从来舍不得出去吃顿饭，米饭掉在桌子上要夹起来吃掉，而好吃的总是留给子女，衣服鞋子穿破了也舍不得扔掉，随时随地保持着忙碌的状态，只要有一刻停歇下来就会觉得浑身不自在……相信在中国，大部分人的父辈母辈都是这样的善良勤劳，这是一种深入骨髓的近乎苛刻的执拗。当然，我们绝不能说这种习惯不好，因为他们那一辈人是真正吃过苦楚熬过来的，也是因为全心全意的为了孩子，所以宁愿忽视了自己的健康也在所不惜，这是一种沉甸甸的的情感。

我想说的是，我们的父母辈之所以这样做，归根结底是为了我们能更好的生活，所以他们才这般辛劳。现如今国家日渐强盛，我们的生活得到了很大的改善，我们更应该为了父母这个一辈子的愿望而善待我们自己的人生，让生活变得更精致一点。不可否认，父母辈们在当时条件不允许的情况下，近乎苛刻的节俭也是无奈之举。

那何为精致呢？

精致绝不等同于奢侈。

不是外国资本主义社会描述的：穿着 John Lewis 连锁店的牛仔裤（118 英镑/条），开着福特轿车自驾旅行，沿途在 Waitrose 吃午餐，时不时欣赏高速公路上的风景，下午入住乔治王朝时代新古典主义风格的城堡酒店（200 英镑/晚），小栖片刻，再漫步到维多利亚时代巴洛克风格的餐厅里吃海鲜大餐（80 英镑/人）。

也不是某些中国人的理念：出入各类高档的消费场所、豪华别墅、山庄等，喝酒要喝茅台、五粮液、XO，最好能是限量发行的。

对于我们而言，精致的最佳状态就是把每一块钱的效用最大化，如同一句老话说的一样，好钢用在刀刃上。该花的时候，哪怕几万块都不要眨眼，不该花的时候，哪怕一分钱都要吝惜。

精致是节约而不吝啬，要对生活和健康负责，不要过多追求物质享受，摒弃爱攀比的陋习，只要是认为自己或是家庭需要的、有帮助的，就要义无反顾的舍得投入。

如果可以，我们可以放慢生活的脚步，每天为自己和家人做一份营养而精致的早餐，不定期带着家人去看看外面的世界，但是杜绝无意义无目的的跟风旅行，培养一份不一定高雅但要有益身心、乐在其中的爱好，拒绝速食食品和垃圾食品，每天坚持锻炼身体，尽量享受艺术的陶怡。最重要的一点：多读书，尤其清贫的时候，努力做一个精神上的富翁。

第五章　品行重孝义

尽可能的把生活过得精致一点，其实，这是对自己、对爱你的人和你爱的人的另外一种交代。

尽管出身你无法选择，但是你却可以将生活过得精致。

第六章 飞马跃龙门

如果成不了千里马，
那就做伯乐

第一节　千里马遇不到伯乐，该怎么办

韩愈说："世有伯乐，然后有千里马。千里马常有，而伯乐不常有。"

这句话无论放在古代也好，如今也罢，也是说得恰到点上的。

前不久有一则新闻刷屏，说的是大学生李文星深陷天津蝶贝蕾传销组织，最后身死异乡的事。他为什么会千里迢迢远离家乡误入传销窝呢？说到底，还是工作难找，所以他在 BOSS 直聘上收到一份漏洞百出的工作邀请后并没有认真辨别就直奔死亡陷阱。而说起来，李文星并不是一个毫无一技之长的普通人，他毕业于 985 高校东北大学资源勘查工程专业，又自学了计算机 Java 编程，要是放在 10 年前，他算得上是很吃香的人才，不能说是"千里马"吧，至少"百里马"是绰绰有余的。

那为什么现如今，这样的人才都很难遇到赏识的伯乐，等到的不是屠夫就是马贩子呢？

只能说，现在信息爆炸的年代，科技创新为知识的复制传播提供了越来越多的媒介，以前要成长为千里马需要付出极大的努力，现在却可以批量生产了。千里马越来越多，百里马、十里马更是比比皆是，甚至万里马也时有出现。所以说并不是缺少伯乐，而是千里马实在太多，看不过来了。

以前面试的时候还很时兴几个面试官面试一名应聘者，现在都创新出同时面试十多名应聘者的开放式面试了，也从侧面说明竞争的加剧，面对眼花缭乱的千里马们，连伯乐都在研究如何提

第六章　飞马跃龙门

高筛选的效率了。

那么在竞争激烈的年代，千里马如何才能突出于槽枥之间，实现自己在辽阔的草原千里奔行的抱负呢？

一直以来都有两种看法，一是主动出击，二是耐心等待。

前者的代表人物是毛遂。

他的代表作是"毛遂自荐"，他出身贫寒、地位卑微，一直籍籍无名。一次，赵国被秦军围困，到了生死存亡的时刻，众人都一筹莫展。于是他果断挺身而出，竭力自荐，说自己能解决赵国当下的危机，旁人都哄堂大笑，认为他吹牛不打草稿，他不顾别人的鄙夷和耻笑，清醒地看清了当前的形势，主动前往游说楚王。在楚国宫殿之上，他镇定自若，侃侃而谈，凭借三寸不烂之舌，最终说服楚王出兵，关键时刻拯救了赵国国民于水火之中，解了国家覆灭之危，史上留下了"小蔺相如"的美誉。

此类的观点是如果你是一匹"千里马"，千万别把希望寄托在别人身上，眼巴巴地望穿秋水渴望着伯乐来发现你、了解你、提拔你，而应当向毛遂学习，充分相信自己的才能，做自己的伯乐，一有机会就要把自己勇敢地"荐"出去，亮出自己的风采，实现自己的抱负，为此哪怕被别人嘲笑讥讽也不怕。万万不能学那才高八斗、智计过人的姜子牙，他钓了一辈子的鱼，用了几乎一生的时间来等待伯乐，要不是在垂老之年偶遇周文王，他险些就活活"等死了"。

另一类的代表人物是诸葛亮。

他学富五车，才高八斗，却默默隐忍于隆中，自耕自足，自娱自乐。他早已声名远播，不是没有机会，而是一直在等待一个善于识才用才的伯乐，直到最佳"伯乐"刘皇叔粉墨登场，并且做足了三顾茅庐的戏份，"千里马"才谦虚低调出山，而潜龙一出，三国震动。世有伯乐，然后才有千里马，若伯乐未到，就急切地展现自己，如果所托非人，轻者痛失后续良机，埋没一身才干，空负有用之身，重者成一锅红烧马肉汤，岂不可惜可叹。

这方的观点是蛰伏等待是为了获得。就像猛虎捕食猎物，钓者等待鱼儿上钩一样，等待一段时间是必须的，耐心等待的往往是最后的赢家。不能像那捕蝉的螳螂一样，没看清形势就早早出手，白白辛苦一场却一无所获。

是主动出击，还是耐心等待？其实双方都有道理。

人的一生可谓长，也可谓短。多则百年，少则三四十载。除去睡觉吃饭、等车等人、闲聊打屁，还要缩短一大截。如果等得太久，也许一辈子真的眨眨眼就过了。但是能一步登天的人毕竟是少数，如果没有修炼好内功而贸然出击，很可能就像李文星一样一去不回。因为李文星在踏上天津的不归路之前，在北京实际上是找了一份工作的，只是因为他仅仅是去一家计算机培训学校草草学习编程短短三个月的时间，到新公司后因业务不熟练而混不下去，只能另谋生路。

那么在主动出击和耐心等待之间到底要如何取舍？要我说，在这一点上，我们都要从我们伟大的古人身上汲取智慧。

秦朝末年的韩信，生于乱世之间，对于残暴的统治，他没有学那荆轲刺始皇，即便是被挑衅羞辱，也甘愿承受胯下之辱。但是在蛰伏的过程中，他并没有一味因循等待，而是不断地自学摸索兵法韬略，不断磨砺提升自己。面对头脑简单的项羽，他在等；待到战争白日化，他还在等，最终，等到了在垓下布下十面埋伏的大局，让一代霸王也只得四面楚歌、饮恨收场。

如果你是百里马，而还没有遇到伯乐，那么请耐心地等待，同时又不要毫无意义地等待，在漫长的等待中你要不断修炼提升自己，使自己成为千里马。不要总是惊羡别人的成功，却往往忽

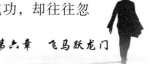

视自身的努力；也不要常常嗟叹命运不公，却很少淬炼自己的品格。

如果你已经成为千里马，还是没有遇到命中的伯乐，请你仍然耐心地潜伏，不断去打磨自己成为万里马，甚至向"跑不死"的飞天神马靠拢。

因为世界的舞台虽然残酷，但同样辽阔，终有一天，你势必会觅得一飞冲天的机会。

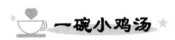一碗小鸡汤

俄罗斯历史上最年轻的部长

尼古拉·尼基福洛夫，1982 年出生于俄罗斯喀山，毕业于喀山大学经济系，年仅 28 岁就出任了鞑靼斯坦共和国副总理兼信息通讯部长，30 岁即出任俄罗斯信息部长，是全世界所有 80 后中最年轻且最有权势的人之一。

让人惊叹的是他仅仅出身一般的工薪家庭，并没有传说中显赫的家庭背景。那么他是如何从百里马，到千里马，再到万里马，并且幸运地遇到了生命中的伯乐呢？

在喀山大学读书时，尼古拉喜欢钻研 IT 行业，并且创办了全校唯一一份 IT 行业的报纸，有一次他在学校的演讲会上信誓旦旦地发言：我愿意开启俄罗斯 IT 行业的未来。在当时看来是那样的不知天高地厚，也一度被人嘲讽大言不惭，但他并未理会流言蜚语，为了实现这个理想，他付出了超常规的努力，他除了在学校里认真专心攻读 IT 专业外，利用业余时间他还不断跑到莫斯科的

电脑市场上推销兜售自己的想法。

不像一般大学生读书期间玩游戏，他在大学期间就多次勇敢地敲开多位俄罗斯传媒大亨的家门，去自信地陈述自己的理想，并希望得到一份收入可观、能够施展自己才华的工作。虽然勇气可嘉，但现实却让他屡屡碰壁，很多人都觉得他是初生牛犊不怕虎，行为幼稚得可笑，他也一直没有得到赏识，也没有得到任何一位传媒大亨的垂青，这令他一度都郁郁寡欢。

大学毕业后，他仍然坚持走自己喜爱的 IT 道路，但是时运不济，他只找到一家小型的计算机公司，他像所有刚毕业的大学生一样，按部就班地坐在办公室里，朝九晚五地上班，挣着微薄的薪水，夜晚便到酒吧里喝得酩酊大醉，他也怨天尤人，抱怨怀才不遇，但却一直苦于无法改变。

他一直在努力寻找能赏识自己这匹良驹的伯乐，他曾经毛遂自荐，将自己的简历复印了一千份，然后拿到莫斯科的大街小巷去分发，这份勇气也是大部分人不具备的，但事与愿违，为他抛来橄榄枝的大多数是名不见经传的小公司，他们希望他能够静下心来，做一份打字或者编辑网页的工作，但这与他的预期相去甚远。

时间一直在流逝，他的理想始终未曾改变。

功夫不负有心人，终于，他等来了一次良机，那一次他有幸参与了一家 IT 公司的重组，这家公司已经到了倒闭破产的边缘，急需转让出去，他考察后打算购置下来，作为自己发展的起点。

但作为一名刚刚毕业的大学生，他并没有多余的存款，他只得硬着头皮一遍遍踏遍了莫斯科所有的银行大门，终于也争取过来一些可怜的贷款，他与对方沟通协商后，以低价买进了这家 IT 公司，但同时也背负了 40 万卢布的债务，当时对他来说这无异于天文数字，像一座大山一样压得他喘不过气来。

第六章　飞马跃龙门

他把压力化为动力，用了 3 年的时间苦心经营，付出常人难以想象的努力，好不容易偿还清了买下公司时所欠下的债务，然而悲惨的是，就在这时，金融危机开始蔓延全球，在 2008 年，他重新一贫如洗，瞬间被打回原形。

辛辛苦苦干 3 年，一朝回到"解放前"。他的互联网产品原来畅销无比，一夜之间却无人问津，原来的广告商踏破了门槛，但现在，他却门可罗雀，收不到一笔订单。

但即便遭遇如此困境，他仍然没有绝望，就像打不死的小强一样，他凭借强大的精神支撑，一直没有放弃努力。2010 年，他又百折不挠卷土重来，重新筹资成立了 ITpark 公司，并巧妙地化经济危机的不利为业务发展的契机，他凭借以前积累起来的良好的人脉关系，迅速汇集网罗了众多 IT 界的精英，仅用了一年时间，他的营业额便突飞猛进达到了惊人的 1 亿美元。

他的事业开始风生水起，好运也连连不断。

2012 年，鉴于他百折不挠、永不放弃的成功经历，俄罗斯总统普京慧眼识英雄，在俄罗斯众多财富精英中对他青睐有加，从 5 月份起，他出任俄罗斯信息部长，同时也是俄罗斯历史上最年轻的部长，他是全球所有 80 后的骄傲。

全球媒体竞相报道 30 岁的年轻部长尼古拉·尼基福洛夫，面对采访，他镇定自若地侃侃而谈道：不是所有的千里马，都能够找到赏识自己的伯乐，如果没有伯乐垂青，自己就是自己的伯乐。

第二节　如果成不了千里马，那就做伯乐

如果你读书也不行，为人处世也不行，上面教你的技能你一项没有学会，也不要着急，更不要自暴自弃，还有最后一个笨办法，这是没有办法中的办法了，如果这个你都不会，那么我也没办法了，你只能回家生个孩子，把幻想留给下一代吧。

这个办法针对懒人、笨人适用，不是改变你自己，而是去发现身边优秀的人。

从现在开始，请你认真观察你身边的圈子，挑选几个你认为最有出息的人，努力向他们靠拢，融入他们的圈子，和他们成为朋友。

你不要骗我说，你身边的人都是些废柴，没有一个有出息的人，这都是扯淡。

再差的人，他身边也总有几个较成器的人物，即使身边结交的人没有，一生之中总会认识几个有出息的人吧，至少认识几个比你强的人吧。

你所做的很简单，就是努力观察你身边的人，认真加以甄别，挑选几个重点的你认为将来有出息的人物，努力去靠近他们，努力和他们产生交集。你可以主动请他们吃顿饭，送点小礼物，在和他们的交往中不要计较得失，要学会多吃亏，尽己所能帮助他们，即使你自己不能成功，也要协助他们成功。

不可否认，这个世界上确实有些人是比一般人有韧劲，有大魄力的，他们最终也会取得高于一般人的成就。哪怕把他们放在

一个边远的山村小镇，哪怕他们一辈子无法拥有指点江山的机会，他们在当地的小圈子里总会成为一个人物，总会有一批人以他们马首是瞻。

你要做的就是发现身边的这些潜力股，然后努力和他们产生交集。

当然，要你和他们结交好，并不是让你带着功利的目的去刻意巴结。

以诚待人者，人以诚待之。如果你认为这仅仅是去拍马屁，溜须作揖，那么就沦于下流了，你也永远无法真心交到这类朋友。

和他们交好，是要你成为他们的知己之交、忘年之交，君子之交淡如水，不卑不亢、落落大方，这样你才能真正走进他们的内心。

有时候他们一句话就能给你很大的帮助。

即使终其一生没有帮助过你，你从他们身上也能学到很多东西，无形之中向他们靠拢，你的生活也万万不会沦落到底层。

中国有句古话，近朱者赤，近墨者黑。很多有钱的人为什么宁愿付出高昂的学费都要去名校参加 EMBA，很多成功的企业家即使年纪一大把，也要去高等学府深造？你以为他们人傻钱多，闲着没事干，你以为他们真的那么爱学习吗？

其中很重要的一点，他们是花钱去接近千里马。

能去名校 EMBA 深造的人，大部分都是某一领域的佼佼者，某一个企业的领导者，他们在课堂上互相结交认识，对他们的事业将有莫大帮助。所不同的是，他们是用金钱去发现千里马，因为高昂的学费已经把大部分人排除在外，为他们初筛了一道。

成功人士尚且需要不停地去结交优秀的人，何况你乎？

当然，不是让你一定要接触这些大人物，很多人终其一生都是偏安于一座小城，一个小镇，无法接触什么像样的大人物，但是即使再小的地方，总有一些在当地社会中的佼佼者，有时候他们一个无心的小帮忙，都能让你如鱼得水。不能说保你一生富贵，但是足够衣食无忧。

如果你是寒门子弟，而且自己又成不了千里马的话，更应该主动去寻找千里马，努力去发现你身边的百里马、十里马，主动向他们靠近。

同时请务必远离安逸地待在马厩里等死的驽马，等待他们的不是老死，就是盘中餐。

在我年轻的时候，我有幸和著名的孙立哲先生共同相处工作过一段时间，他身上洋溢着的活力、昂扬的斗志、高贵的品格，对我实在是有莫大的帮助，即使在今天回想起来，仍然受用无穷，这就是与精英同行的力量所在。

说起马云，大家都知道是中国的首富，一手创立了阿里巴巴传奇的电商帝国。然而，很少有人知道，他的成功，其实和一位名叫肯·莫里的外国人息息相关。

很多人都知道马云考大学考了3年，但很少有人知道他曾风雨无阻10多年每天在西湖边练习英语。

1980年，澳大利亚男孩大卫·莫里（肯·莫里的儿子）随家人到中国杭州旅游，一名瘦弱的本地男孩凑过来问好，男孩希望跟他对话练习英语，这就是年幼的马云。

就这样，马云和莫里一家开始熟识，后来私交甚笃。莫里一家还热情邀请马云去澳大利亚度假，在澳大利亚的所见所闻令马云大开眼界。在莫里一家的帮助下，马云练就了一口流利的英语口语，为他之后的美国之行铺平了道路。在美国，马云接触到了因特网，受此启发回国创立了大名鼎鼎的阿里巴巴。

他的成功可以说与澳大利亚人莫里一家的帮助是分不开的。据说老莫里和马云情同父子，马云人生第一套房子，就是老莫里

（肯·莫里）买的。

马云是个很念旧的人，肯·莫里已过世好多年了，但马云的家里和办公室里一直放着他与肯·莫里的合影。

说起马云，我估计中国很少有人不知道他的名字，作为土生土长的中国人，应该说他从出生到现在接触最多的是我们中国人，但最先发现其不同寻常，并给予大力帮助的却是一名外国人，值得我们深思。

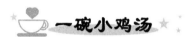 一碗小鸡汤

伟大的友谊

作为一名中国人，我们都知道马克思主义。马克思和恩格斯是共产主义的创始人，他们40年患难与共，团结作战，建立了真挚感人的友谊。

马克思这位思想上的巨人，在经济上却是贫者，他几乎一生都在颠沛流离、贫困潦倒中度过，先后被德国、法国、比利时等国家驱逐出境。他没有固定的工作，一家人主要靠他极不稳定而又极其微薄的稿费收入过活，可以想象生活多么窘迫。加之资产阶级对他的迫害，饥饿和生存问题一直如影随形困扰着马克思一家，差不多把马克思置于死地。

在客居伦敦的时候，马克思度过了一生中最困难最糟糕的日子。在5年时间里，他极度穷困潦倒，并且四个孩子中的三个先后不幸夭折。他在完成《揭露科伦共产党人案件》这部著作以后，穷得连寄书稿的邮费都没有。他写给恩格斯的信中说："小册子的

作者因没有裤子和鞋子而被囚禁在家里，他的一家人过去和现在每分钟都受到极端贫困的威胁。"孩子们缺吃少穿，加上不适应英国潮湿的气候，小亨利·吉多刚满1岁就患肺炎死去。过了1年，小女儿弗兰契斯卡也死了。3年以后，马克思又失去了爱子穆希。马克思在信中把自己的悲伤心情告诉了恩格斯："可怜的穆希已经不在人世了，今天五六点钟的时候，他在我的怀里长眠不醒了。我永远不会忘记，在这个可怕的时刻，你的友谊是怎样地减轻了我们的痛苦。"

马克思陷入了常人难以想象和承受的痛苦困境之中，他写信给恩格斯道："一个星期以来，我已达到非常痛苦的地步：因为外衣进了当铺，我不能再出门，因为不让赊账，我不能再吃肉。"不久又写信向恩格斯倾诉："我的妻子病了，小燕妮病了，琳蘅患有一种神经热，医生我过去不能请，现在也不能请，因为没有买药的钱。八至十天以来，家里吃的是面包和土豆，今天是否能够弄到这些，还成问题。"

对于马克思的困境，恩格斯当作自己的困境感同身受，竭尽全力雪中送炭。为了"保存最优秀的思想家"，恩格斯违背自己本来的意愿，毅然决定重返曼彻斯特，到父亲经营的"欧门—恩格斯"公司当店员，从事他十分厌恶的经商工作，以保证能在经济上及时资助贫困的马克思，使他能有足够的时间和精力撰写理论著作。

他在给马克思的信中写道："2月初我将给你寄5英镑，往后你每月都可以收到这个数，即使我因此到新的决算年时负一身债，也没有关系……当然，你不要因为我答应每月寄5英镑就在困难的时候也不再另外向我写信要钱，因为只要有可能，我一定照办。"要知道此时的恩格斯在公司里只是一个普通的小办事员，收入十分低微。

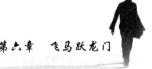

第六章　飞马跃龙门

恩格斯一直保持着对马克思的资助，把自己的大部分薪水都汇给了马克思一家。后来恩格斯做了公司的合伙人，月薪有了提高，对马克思的支援于是增加到了每月 10 英镑，还常常给些"额外"的资助，在此后的数年间，马克思总共收到了恩格斯 3121 镑的汇款，对当时的恩格斯来说，这已经可以说是倾囊相助了。

最终，在恩格斯的无私帮助下，在这种极端困乏的绝境里，马克思完成了举世闻名的著作《资本论》第一卷。恰如列宁所说："如果不是恩格斯牺牲自己而不断给予资助，马克思不但不能写成《资本论》，而且势必会死于贫困。"

对恩格斯的无私帮助，马克思心里非常感动，也十分不安，他在给恩格斯的信中写道："坦白地向你说，我的良心经常像被梦魇压着一样感到沉重，因为你的卓越才能主要是为了我才浪费在经商上，才让它们荒废，而且还要分担我的一切琐碎的忧患。"

恩格斯无微不至地关心着马克思及其家人的生活，马克思的一生多灾多难，每当马克思遭遇了挫折和打击，恩格斯总会第一时间想办法进行抚慰，他已成为马克思一家躲避生活凄风苦雨的港湾。尤其是在马克思最喜爱的儿子穆希病逝的时候，马克思遭遇了一生中最沉重的打击，他感到自己快支持不住了，在给恩格斯的信中马克思倾诉了无限悲痛的心情："在这些日子里，我之所以能忍受这一切可怕的痛苦，是因为时刻想念着你，想念着你的友谊，时刻希望我们两人还要在世间共同做一些有意义的事情。"恩格斯感受到了马克思遭遇的巨大苦痛，于是立刻把马克思夫妇接到了曼彻斯特，在恩格斯的精心照料下，马克思夫妇度过了人生中最难熬的时刻，时间一天天过去，恩格斯已然成为马克思家中不可或缺的亲人。

在当时通信不发达的年代，两位伟人通过信件互相交流思想，传递情谊和喜怒哀乐，在流传下来的 1000 多封往来信件中，满满都是这两位伟大战友的情深意笃，几天接不到对方信件，他们就相互挂念起来。

马克思在一次写给恩格斯的信中道："亲爱的恩格斯，你是在哭还是在笑，是在睡觉还是醒着？最近三个星期，我往曼彻斯特寄了各种各样的信，却没有收到一封回信，但是我相信都寄到了。"

同样，如果有几天听不到马克思的音讯，恩格斯就会焦急地去追问："老摩尔，老摩尔，大胡子的老摩尔，你出了什么事情？怎么听不到你一点消息？你有什么不幸，你在做什么事情？你是病了，还是陷入了你的政治经济学的深渊？"

他们畅所欲言，无话不说，无所不谈，对与恩格斯的友谊，马克思做了高度的评价："我们之间的这种友谊是何等的幸福，你要知道，我对任何关系都没有作过这么高的评价。"

在那个风雨飘摇的动荡年代，两位伟人建立在共同信仰和追求基础之上的无私崇高友谊，直到他们去世也牢不可破，为世人树立了感人肺腑的友谊典范。

恩格斯尽管做出了巨大牺牲，但他始终认为，能够同马克思并肩战斗 40 年，是他一生中最大的幸福。可以说，是恩格斯成就了马克思，也是马克思成就了恩格斯，他们同是千里马，又同是对方的伯乐。

第七章　我为谁而活

不要轻易透支健康，
不让你的人生过早折旧

第一节　活着就是王道

对于大部分寒门子弟而言，要想成功，往往要比常人付出多得多的努力，咽下多得多的苦楚。

但是，我要提醒每一位的是，无论成败与输赢，没有健康等于零。

人的一切努力、成就都是以健康为前提的，有一个比喻说得很形象，健康就好比人生的"1"，其他诸如位子、票子、房子、车子、妻子、儿子等都是 1 后面的 0，如果前面的"1"没有了，后面的"0"再多也是零。

即使你呼风唤雨、功成名就，或者衣冠楚楚、衣锦还乡，春风得意、风光无限，但如果你将不久于人世，这短暂的光鲜又有何意义可言？

记住一点，你只是单位的一株草，哪怕你再优秀，你也并不是不可替代的，就像一句话说的，离开你地球照样转。如果你有一天不在了，请放心，单位第一时间就会找到人来替代你。

但是你在你家庭里的地位却是不可替代的，如果你一走，妻子失去丈夫，丈夫失去妻子，孩子失去父亲（母亲），年迈的父母白发人送黑发人，家庭的天就塌了。

所以，如果成功需要用健康去换取的话，这样的成功毋宁不要。

对每一个有家室的人而言，健康更是一份责任！

说到这里，不得不说一下中国的酒文化。

相信很多年轻人都有这样的经历，年轻时候为了职务、晋升，有时候接待一个重要的客人、上级，或者为了一份重要的签约等，都少不了要去喝酒应酬，很多时候哪怕喝不下去了硬着头皮也要把酒咽下去。

　　曾经我们银行有一个行长，为了完成年终存款考核任务去营销存款，当时的客户告诉她喝一杯白酒，就在她的网点存一千万，那种杯子是我们喝茶的那种，一杯差不多有 2 两酒，她接连一口气连喝了九杯，当场就倒在酒桌上，随即被送到医院，三天后才醒过来。

　　等你工作之后，这种情况会很常见，在中国这种酒文化浓重的国度，等你从学校毕业之后，迎接你人生的第二场课就是"酒课"，很多人一辈子都在这个课程里直到终老也毕不了业，大部分都是喝死了，或者是喝得胃出血，被迫中途肄业，能拿到毕业证的少之又少。

　　其实，倒不是年轻人好酒，喝酒不加节制，更多时候是不敢不喝，怕礼数不到被人穿小鞋。有时候哪怕身体受不了，也会硬着头皮喝掉，明知喝下去伤身体闭着眼睛也会喝干。有的是碍于面子，尤其是酒桌上被几个"老前辈"或者说老酒鬼吹捧两句，年轻人酒量好，多喝点没事。于是乎，主动的、被迫的，长年累月酒精考验，三十岁一过，身体早早地就垮掉了。

　　记住一句话，你不是乔峰，也不是喝完酒还能打虎的武松，人生就是两吨酒，谁先喝完谁先走。

　　一些酒鬼还吹嘘"酒是粮中精，越喝越年轻；烟是草头王，越抽命越长"，都是扯淡，人死了，就什么都没有了。

　　每天一斤酒，活到二十九。

　　年轻时候，没必要去参加毫无意义的酒局，更不要去互相拼酒，要多花时间去提升自我，哪怕是多出去旅游，走走看看，开阔自己的视野也是好的。

随着你自身素养的提升，你身边所结交朋友的层次也会越来越高，而这些并不是靠拼酒拼出来的。我认识很多成功人士，越是大人物，对酒这东西越是懂得浅尝辄止。

当然，酒只是一个年轻人会遇到的一个老大难，除了喝酒之外，还有很多损害健康的习惯，如抽烟、暴饮暴食、熬夜、打游戏、毫无节制的加班等，这些都要尽量避免。人生最大的错误，就是用健康换取身外之物。年轻时候，拿命换钱；年老之时，拿钱换命，不是等于白干吗？

最近几年，英年早逝的明星日益增多，像歌手姚贝娜、央视知名主持人方静等，都早早离开了人世。他们的名气和身价都足以请最好的医生，住最好的医院，吃最好的药物，接受最先进的治疗，但还是没能阻止他们去往天堂。

2016 年去世的国防大学女讲师徐如燕，一位普通得不能再普通的教员，更让人唏嘘不已，她长期超负荷工作，好几年不体检，虽然各项身体素质考核都能够达标，但 8 月份突然被检查出乳腺癌晚期，不到一个月就病逝。

身边还有很多这样的例子，他们未过天命之年，便丢下一家老小，撒手人寰。除去遗传病因的个别情况，身体很弱或疾病缠身的人，都有几个共同特点：喜欢熬夜、不注重体育锻炼、工作压力大、接待任务重……

生了病就靠硬扛或随便买点药吃，平时不注意保养自己的身体，久而久之，往往小病小痛酿成了大病绝症，一旦确诊了，一切都晚了。

人就像一台车，心肝脾胃肺等就如同汽车零部件，如果你天天奔波在坎坷不平的山路上，天天超负荷运转，再加之不注意保养，报废的年限肯定要快得多，但不同的是，车子零部件坏了可以换，但人呢？

年轻人万万不要用生命去赚钱。

有几句俚语说得很好，在此借用与诸君共勉：

1.

救护车一响，一年猪白养；

住上一次院，三年活白干；

十年努力奔小康，一场大病全泡汤！

2.

小病……拖；

大病……扛；

病危等着见阎王！

3.

健康投资总没钱，有也说没有；

等到病时花万千，没有也得有！

若要与人谈健康，有空也说忙；

阎王召见命归天，没空也得去！

4.

您现在不养生，以后养医生！

在健康方面花钱花时间都不用担心，

因为您花的都不是您的钱，是医院的钱，

您不花，医院早晚也会收回去！

5.

什么是健康？

健康是自己不受罪，

健康是儿女不受累，

健康是少拿医药费，

健康是多得养老费！

6.

健康与金钱的关系是什么？

健康是无形资产，

保健是银行存款，

疾病是恶性透支，

大病是倾家荡产！

7.

辛苦奋斗几十年，

一场大病回从前，

爱妻爱子爱家庭，

不爱健康等于零！

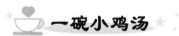 一碗小鸡汤

为啥是我得癌症？

复旦女教师于娟已经去世多年了，但她留下的《为啥是我得

癌症》这篇文章值得每个人认真阅读和反思。

于娟，女，32岁，祖籍山东济宁，海归，博士，复旦大学优秀青年教师，一个两岁孩子的母亲，乳腺癌晚期患者。2009年12月被确诊患上了乳腺癌，2010年1月2日于娟被进一步确诊乳腺癌晚期，2011年4月19日凌晨三时许，于娟辞世。

她的博客写道："若天有定数，我过好我的每一天就是。若天不绝我，那么癌症却真是个警钟：我何苦像之前的三十年那样辛勤地做蝼蚁。名利权情，没有一样是不辛苦的，却没有一样可以带去。"

在生死临界的时候，她告诫我们每一个人：任何的加班，给自己太多的压力，买房买车的需求，这些都是浮云，如果有时间，好好陪陪你的孩子，把买车的钱给父母亲买双鞋子，不要拼命去换什么大房子，和相爱的人在一起，蜗居也温暖。

在生命的尽头，于娟老师分析了她在最美的韶华却不幸患上癌症的原因：

一是不好的饮食习惯：瞎吃八吃，热衷于各类野味珍馐；暴饮暴食，吃东西讲究大碗喝酒大口吃肉；嗜荤如命，无肉不欢，每逢吃饭若是桌上无荤，便会兴趣索然，那顿饭即便吃了很多也感觉没吃一样。

二是不好的睡眠习惯：晚睡。大部分时候基本上没有12点之前睡过。学习、考GT之类的证书、考研是堂而皇之的理由，与此同时，聊天、网聊、BBS灌水、蹦迪、吃饭、K歌、保龄球、一个人发呆（号称思考）填充了没有堂而皇之理由的每个夜晚。厉害的时候通宵熬夜，平时的早睡也基本上在夜里1点前。

三是突击作业。她调侃自己是著名的不折不扣2W女。所谓2W女是指只有在考试前2周才会认真学习的女生：2 weeks。同时，考出的成绩也是too weak。各类大考小考，各类从业考试，各类资格考试（除了高考、考研和 GT），可能准备时间都不会长于两个星期。下死本地折腾自己，从来不去考虑身体、健康之类的词，只是把自己当牲口一样，快马加鞭、马不停蹄、日夜兼程、废寝忘食、呕心沥血、苦不堪言。最高纪录是一天看 21 个小时的书，看了两天半去考试。

《为啥是我得癌症》这篇文章我读了很多遍，每每读完都会汗流浃背，因为她说的无一不是我正在做的。相信我们之中好多年轻人也正是这样，迷信"年轻就是资本"之类的话，长期高强度地学习、工作、加班，豪迈地喝下超过自己肝脏解酒能力的劣质白酒，没日没夜地通宵熬夜……毫无节制地挥霍我们的健康。

于娟老师在文中有这样一句话：我曾经试图三年半同时搞定一个挪威硕士、一个复旦博士学位。然而博士始终并不是硕士，我拼命日夜兼程，最终没有完成给自己设定的目标，自己恼怒得要死。现在想想就是拼命拼得累死，到头来赶来赶去也只是早一年毕业。可是，地球上哪个人会在乎我早一年还是晚一年博士毕业呢？

是啊，即使你加班累死在岗位上又如何？顶多你单位的同事每个人凑点份子钱，心肠软的在你的追悼会上留下两滴眼泪，个把星期后照样高高兴兴地和朋友把酒言欢。而你将留下嗷嗷待哺的幼子和孤苦无依的爱人，他们将承受无边无尽的痛苦。

当你读到这里，也不必着急，因为这一切都还来得及。

或生或死，或喜或悲，或幸福或苦痛，尚在你的一瞬之间。

第七章　我为谁而活

第二节　活出生命的意义

人固有一死，或重于泰山，或轻于鸿毛，用之所趋异也。

每个人都是一个个独立的个体，诚然不会每个人都重于泰山，但也不会轻如鸿毛。

人为什么活着，活着的意义是什么？

众说纷纭，我相信，自从人类有意识以来，这个问题就困扰了无数哲学大家，或是勤于思考的普通人。

我认为，活着的境界无外乎三种：

初级阶段是活着，无病无灾，吃喝拉撒，每天固定地机械地活着，在繁杂的事务性工作中挣扎，大部分维持在温饱，或温饱向小康努力的人群在这个阶段。

中级阶段是活得快乐，这类人懂得享受生活，会平衡工作与生活的价值，这类人大多是实现财务自由的中产阶级或者富有情调的小资，他们开始会享受生活赐予的美好。

最高阶段是活出生命的价值，探索生而为人的意义所在，让自己的人生实现自我认同和他人认同的价值，这类人不一定是物质富足之人，但一定是精神的富翁。

初级阶段姑且不谈了，世界上太多太多人沉沦于此。下面我们先来说说中级阶段，人要如何活得快乐？

以前看到过这样一则专门研究"如何快乐"的报告：说是美国一家调查机构选取了世界上有代表性的 22 个国家调查人们的快乐水平，最后得出的结果是，美国人的快乐水平最高，46% 的美国人对自己的生活感到快乐。其次是印度，虽然大部分印度人出行是爬火车顶，方便是在露天野地里，但仍然有37%的印度人乐呵呵地活着。而在所有调查的国家之中，中国人的快乐水平却是最低的，只有约9%的中国人觉得自己活得很快乐。巧合的是这个数字和GDP的增速差不多。

我们先来看看，为什么美国人的幸福指数会最高呢？报告中分析了生活快乐的美国人有以下几个共同特点：

一是坚信磨难中也有快乐。美国在我们的印象中都是富得流油的，世界上最发达的国家、著名的美国梦等，但其实，在美国，仍然有不少人是靠领救济金生活的，但哪怕是在街头要钱度日的乞丐，他们却整天乐乐呵呵，为什么呢？因为他们相信，即使处于不幸的情况下，也能找到快乐，他们崇尚的是《阿甘正传》里永远保持对生活的乐观自信的精神，这和中国自欺欺人的阿Q似的快乐之道有着本质的区别。

二是将家庭和婚恋视作快乐的源泉。美国夫妻之间往往彼此称呼对方为"甜心"（honey），他们热衷于玩点情调，比如说买一把花送给爱人，准备一场温馨的烛光晚餐，来一次说走就走的旅行，去过浪漫二人世界……哪怕因此可能出现轻微的透支也不在乎。换句话说，他们潜移默化中是将爱人或者家庭的其他成员看作让自己感觉幸福快乐的源泉，并在日常生活之中表现出来。而在中国，夫妻双方大部分是为了房贷、车贷、孩子的学习而努力奔波，除非经济允许，否则不会去花这些"冤枉钱"，称呼对方也会很随意，甜心这种词语，除非是心理特别强大的人，否则是很少有人喊得出口的，都会觉得这很肉麻，甚至恶心，平时看到年轻的情侣在公共场合拥吻都会觉得"有伤风化"，大部分称呼对方都是"我家那口子""孩子他爹"，农村里可能更直接一点，"婆娘，吃饭了！"

三是教育的目的是让孩子健康快乐。美国人很少有望子成龙、望女成凤的观念，也不像中国一样有传统的封妻荫子的根深蒂固的执念，他们对孩子最大的心愿很简单，就是能快乐健康、平安顺遂地成长就好。在教育孩子时，父母会尊重孩子的意见，他们通常会让孩子拥有和大人一样平等的选择权利。如果是父母错了，会向孩子道歉，这都是稀松平常的事；如果孩子不愿意做的事情，也不会太强求。而在中国，小时候没挨过几次打，都不好意思叫童年。更有甚者，逼着孩子放弃周末美好的时光，填鸭式地去学不喜欢的钢琴、吉他、舞蹈，上各种各样的数理化培训班。巴不得自己的孩子既像爱因斯坦一样聪明，又像迈克尔·杰克逊一样有艺术细胞。而且现在这种风气是越来越盛行，各类层出不穷的培训班也如雨后春笋般兴起，很多培训都是闻所未闻，见所未见。而且服务相当周到，针对不同年龄段的都有，真正是娘胎里早学早好。

四是认为健康就是最大的快乐。在美国通宵熬夜加班的也不是没有，但是远没有中国这么普遍，拿健康去换取薪水这种观念也不占主流，而在中国，我们的父辈们都是告诫我们，年轻的时候你不吃苦，以后老了后悔就来不及了，吃得苦中苦，方为人上人一直都是教育年轻人的圣训。如果你去美国就会发现，美国的餐馆一般八九点以后才会慢腾腾地开门营业，而在华人开的中餐馆，凌晨三四点就起来忙活，甚至要忙到深夜。中国人的勤劳，或者说耐苦力是举世闻名的。

有一个故事说的是，一个美国老总被派往驻中国的分公司上班，他来的第一天就雄心勃勃地和台下的中国员工说道：我是一个加班狂，希望在今后的工作中诸位能配合好我！过了一个月，这个美国老总就灰溜溜辞职回国了，别人问他原因，他哭丧着脸说，这些中国人加起班来简直不是人啊！

这虽然是一个笑话，但是也一定程度上反映了一些事实。我在外企待过一段时间，确实在外国加班是很少的，这倒不是说外国资本家多善良，其实他们算得比谁都贼精，加班的话我要多付你两倍的加班费，逢年过节还要三倍四倍，有这些钱，我多请一个员工不就得了！

据说一项针对 20 世纪人类寿命的国际医学研究显示，美国人的平均寿命延长了 30 岁，而美国先进的医疗水平只使美国人的寿命延长了 5 年，对身心健康的重视，对健康生活方式的倡导，是如今的美国人平均多活了 25 年的主要原因所在。

五是主张财富是获得快乐的手段，而不是最终目的。美国人不喜欢把钱和时间用在大吃大喝上，不像中国人一样喜欢杯来盏去，觥筹交错，唾液满天飞，在酒桌上论英雄、交朋友。而是热衷于把金钱用在旅游、健身、自己的兴趣爱好上，或者时不时玩点小资情调。他们还热衷于各种社会慈善活动，享受那种被人尊敬、感激和赞美的快感，并从中获得很大的快乐和满足，而中国人喜欢囤地炒房，挣下一份偌大的家业供子孙后代享用，自己则可以对自己很苛刻。所以，Facebook 的创始人兼首席执行官马克·扎克伯格很轻易就散去了自己的百亿家财去做慈善，而与之形成鲜明对比的是，中国的某些大佬即使公开宣称要捐多少多少，没过多久就轻而易举地出尔反尔了。

六是认为工作的目的是追求快乐，而不是为了名利和果腹。美国人对找工作的说法是：你要是不快乐，为什么要去从事这份工作呢？在他们看来，事业工作最重要的是快乐，而不是收入和名利。所以，在外国因为工作不顺心，任性辞职的例子很普遍。而在中国，传统的观念是工作是为了能生存下去，你只有确保先活下去，才有资格继续谈论是否喜欢这份工作。所以，前段时间一位教师因为"世界那么大，我想去看看"的辞职信迅速就红透了网络，因为这样任性的观念和中国的传统观念格格不入，而在美国这就如同正常离职一样平淡无奇。而不久前，新闻里又在报道，当初辞职后的教师如何如何了，并没有理想中那么如意，舆论的风向又开始吹向现实的土地，然后，三五个人又在议论：看吧，这就是轻易辞职的后果。然后，又很苦逼地继续埋头投入到繁杂的工作中去。

我们中国人为什么大部分人会觉得不快乐呢？

说到底是追求得太多，要求得太多。

年轻人要买房买车，不然丈母娘不满意，娶不到好媳妇，有一种说法叫丈母娘经济，说是丈母娘推动了中国经济的快速发展。还有就是互相攀比之风，过年回家，如果混得不体面，那么邻里之间调侃似的比对会让你无地自容。有孩子了还要强求孩子学业有成，不然在邻里面前感觉没面子……

不可否认，正是这种对物质的高要求倒逼着中国人不断地努力工作，很大程度上助推了中国经济的迅速发展。外国人都赞美中国人勤劳勇敢，我们自己也乐于习惯这个标签。以至于现在GDP 指数遥遥领先，而快乐指数却沦落到和 GDP 差不多了。

所以，大部分中国人做学生时不快乐，工作挣钱后还是不快乐；身无分文时不快乐，富可敌国后也不快乐；被人使唤时不快乐，升职加薪后仍不快乐；做单身狗时不快乐，娶妻生子后还是不快乐……

究其原因，还是活得太累。

我们很少真正为自己而活过，却往往背负了父母的期望、家庭的重担、世俗的眼光。

追求也纷繁复杂，各不相同。有的出于工作因素，如收入不理想、工作压力大、休息时间少、缺少成就感、工作枯燥、前途渺茫和人际关系不和谐。有的和家庭关系有关，与家人相处不融洽、陪家人的时间太少、住房不满意、家庭收入低、媳妇不是白富美、老公却是矮穷矬。有的源于对物质生活的不满意，如工资、福利、社会保障、住房、车子等。

如何活得快乐，这一点上我们不妨向美国人取取经，每天保持微笑，学会满足，找到属于自己的快乐之道。

实在不行，你就假设你吃了七天断肠散，你只有七天的生命可活了，从周一到周六，你就认真规划好你剩余七天的生命，你每天要做什么才能让你的生命更有价值，然后到第七天，也就是周日的时候静下心来回想下，你在生命的最后七天做了些什么，是否有价值。如果还有做得不尽如人意的地方，那么下周同样再吃一包断肠散，依此类推，这样一来，生活就有意思多了。

生活中的美好有很多，只要用心去体会，活得快乐其实并不难。难的是如何活出人生的价值和意义，而不是浑浑噩噩过一生。

世界上每个人都是以自我为中心的动物，每个人的一生都会有不同的经历，遇到不同的人，做不同的事，没有两个人的经历是完全一模一样的。

所以如何活出生命的价值，其实答案也不尽相同。但活得有意义的人身上有一些东西是共性的，我们可以从他们身上学到一些有用的东西。

首先，世界那么大，虽然钱包小，尽力去看看，努力去体验不同的经历。

在人生的每个阶段，你所经历的事，你所认识的人，无论好的坏的，无论酸甜苦辣，都是你人生财富的一部分。他们帮助你

第七章　我为谁而活

去看到一直存在着但是你却未曾看到的世界，去认识一直存在着但是你却不曾认识的人，去了解一直存在着但是你却不曾真正理解的事。

去勇于尝试、勇于经历的过程中，我们不可避免地一定会犯错，我们也必然会为我们曾经做过的某些憾事而悔不当初，然而，大可不必，我们活着不是为了追求所谓的"青春无悔"，我们不用为那些后悔而伤心痛苦。人生很短暂，其实你来不及后悔几次就走完了。而每一次后悔，其实都丰富了你的人生阅历。

如果你每个星期朝九晚五都在做着差不多一样的事情，如果你每天都被捆绑在同样一种重复的生活里而无法翻转挪腾，那么一年以后你还是一年前的你，只是多了一层皱纹而已。

如果你愿意每分钟、每个小时、每天、每个星期或者每个月都去尝试一种新的体验，学习一种新的技能，或者看看外面的世界，认识一个新的朋友，而不是宅在家里看无聊的电视剧，或者窝在网吧里度年如日，那么一年后的你和一年前一样年轻，只是比别人多活了一年，多了一年的阅历和对世界的认知。

其次，要多去"看到"，而不是"看齐"。

当你睁开眼睛，这个世界除了你现在正处在的那个视野可及的若干平方米的微环境以外，还有许许多多精彩的人和事正在发生，无论你看到没有，他们都不会停止活动的进程。

当你不断发现这个世界的深度和广度，你就会发现你跟你身边的那些"同类人"根本没什么好比的，无论是学生时代的同窗也好，还是一起工作的同事也罢，哪怕是和你竞争的情敌。这个世界太大了，不要把别人当作你自己的标杆，要努力去思考自己人生的价值，活出生命的意义，而不是活在榜样的影子里和世俗的眼光中。

无论嫉妒也好，羡慕也罢，都是人的天性。而我们要做的是不断去克服这种天性，试着不去嫉妒，不去比较，不去对标，更不要去喋喋不休，妄下断语，我们要试着去观察、去倾听，然后去思考、去沉淀，去让所有你看到的、听到的外界的信息在你的大脑里经历一个冷静的加工处理过程，然后形成你自己的独特的看法和人生宝贵的阅历，我们要学会独立地去思考，而不是被社会舆论和别人的看法所左右。

　　因为，你和世界上所有人都不一样。

　　高中时期，在诗词流行的年代，我也跟风写下过"何怜微名草边生，五千年来只一人"的狂语，说的也是这个道理，每个人都是独一无二的。

　　说了那么多，关键是要找到活着的意义所在，那么如何找到活着的意义呢？

　　外国学者有这样一个简单而有效的方法，在此大家可以借鉴。

　　一、首先在你忙碌的生活中找出一个小时完全空闲的时间。关掉手机，关掉电脑，关上房门，保证这一个小时没有任何打扰。这一小时只属于你和你要找到人生理想这件事。你要记住，这可能是你人生中最重要的一个小时。你的生命可能在这一个小时内变得不同。如果一个小时的时间货币只能用来换一样东西，那么找到你的人生目标绝对是最值得的。

　　二、准备几张大的白纸和一支笔。

　　三、在第一张白纸上的最上方中央，写下一句话："你这辈子活着是为了什么？"

　　四、接下来你要做的，就是回答这个问题。把你脑中闪过的第一个想法马上写在第一行。任何想法都可以，而且可以只是几个字。比如说："赚很多钱""娶个漂亮老婆""升职加薪"，等等。

五、不断地重复第四步，直到你哭出来为止。

尽管这个方法看上去很傻，但是它很有效。如果你想要找到人生目标，你就必须先剔除脑中所有那些"伪装的答案"。你通常需要15—20分钟的时间和过程去剔除那些覆盖在表面上的受到外界观念、主流思维影响而得出的答案。所有的这些伪装的答案都来自你的大脑、你的思维和你的回忆，但真正的答案出现时，你会感觉到它来自你的内心最深处。

对于从来没有考虑过这类问题的人来说，可能会需要比较长的时间才能把脑子里面的那些杂物剔除掉。在你写到50—100条的时候，你可能会想放弃，或者找个借口去做别的事。因为你可能觉得这个方法没有任何效果，你的答案很杂乱，你也完全没有想哭的感觉。这很正常。

不要放弃，坚持想和写下去，这个抵触的感觉会慢慢地过去的。记住，你坚持下去的决定会将这一个小时变成你人生中最重要的一个小时。

当你写到第100个或者第200个答案的时候，你可能突然会有一阵内心情感上的涌动，但还不至于让你哭出来。这说明那还不是最终的答案。但是把这些答案圈起来，在你接下来写的过程中你可以回顾这些答案，帮助你找到最终的答案，因为那可能会是几个答案的排列组合。

但无论如何，最终的答案一定会让你流泪，让你情感上崩溃。

此外，如果你一开始不相信人这辈子活着有什么目的，你也可以写下"活着不为了什么"，没关系，只要你愿意坚持想和坚持写下去，你也会找到让你哭出来的答案。

这个方法很有趣，我自己写了一满篇，从30岁赚够200万、当上副行长、买辆宝马、买个商铺、出一本书、带家人去外国旅游、小宝宝健康出生和成长……最后，我去芜存菁，归纳下来，其实那么多的目标都汇融为一点，就是让家人幸福，然后力所能及地为社会做些事，探寻我存活的意义。

至此，我终于发现其实诸如财富、职务等的追求，最终目的不过是为了让家人更幸福，而其实这很容易就能达到，让家人幸福并不是简单地追寻物质，长时间的陪伴才是最重要的，我突然发现我前半生所热衷追寻的种种其实并不是那么重要了，所幸一切都还来得及。

相信你也会找到属于你自己的人生意义。

说的这里，不得不说起我的一位挚交好友。我一直叫他老黄，我曾经和他开玩笑说，如果有一天别人都不再叫你老黄了，而是改口叫你黄老，那么你就离成功不远了。

我们从初中就认识，十多年走来无话不谈，就是那种不是亲兄弟，胜似亲兄弟的那种。他是一个简单而又纯粹的人，最大爱好就是艺术和书籍，每天早上 6 点准时起床，弹弹古琴，然后开始写字画画，再然后开始紫陶创作（建水紫陶，四大名陶之一），他的生活自律得就像军队一样，关键是他十多年如一日一直保持着，在我们这类习惯了物欲的青年中相当异类。

他自学计算机，自学参加高考，开过幼儿园，办过培训班，一个人过得怡然自得。我最佩服他的是，他与别人合伙开办素食餐厅，被合伙人骗光所有积蓄，第二天却没事似的，仍然开开心心，想来是他把金钱看得极淡。

在外奔波数年之后，他现在回到老家建水，从事紫陶创作，也是自学成才，然后每天沉浸在这种阴刻阳填的古法制陶手艺中怡然自得。每天他都把自己的想法、生活感悟的点点滴滴融入紫陶的创作之中。每烧出一个陶罐都像一个孩子似的高兴地发到朋友圈给我们看，我想他的纯粹是最适合制陶这种枯燥的匠人生活的。

去年，他的作品还被评为上海白玉兰紫陶金奖，我觉得他是找到了活着的意义的。也许他成为大师还时日尚早，但他已是自己的大师。

每个人活着的意义都各不相同。

也许生命的意义正是在于不断探索各自生命的意义，有的人三十而立就发现，有的人到风烛残年才深有体会，有的人终其一生都浑浑噩噩。

但生命的美妙正在于此，如果人存在的意义都相同并且被我们找到，那么人也许就没有存在的意义了。

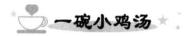

一碗小鸡汤

活出生命的意义

维克多·弗兰克尔，一个从纳粹集中营里经历九死一生幸存下来的著名心理学家，他原本有机会离开，但因为对父亲的挂怀，对妻子的爱，他选择留下来，而被纳粹押送集中营关押，在经历了巨大磨难后，他坚强地坚持下来，他对于生命意义的思考，值得我们每一个人借鉴和学习。

纳粹集中营中的恐怖不言而喻，随时可能死亡的威胁，巨大的身心痛苦和折磨，会让大部分身处其中的人都找不到继续存活下去的意义和勇气，能活下去已实属不易，但弗兰克尔不仅坚持下来了，在经历了对生命意义的思考后，他还找到了实现人生价值和意义的三种方式，并据此创立了著名的"意义疗法"，帮助很多心理有问题的人重塑了人生。

他所探索出的三种实现人生价值的方式如下：

第一，创造或者从事某项能体现人生价值的工作。自己喜欢并能体现价值的创造性的工作，能极大地提升个人生存的意义感，人会变得充实而且幸福。在纳粹集中营中，弗兰克尔找到了自己坚持下去的原因，就是重新编写自己遗失的心理学著作手稿。即使在集中营这样恶劣的环境之中，因为这一理想，它让弗兰克尔的坚持变得非常有意义。除了被杀害以外，集中营中很多人却是死于身心绝望。

第二，全身心地体验某件事情或者某个人，体验世界的真、善、美，去体验爱和被爱。爱情、艺术、宗教、信仰、文化、亲情等各种方式都可以让人体验到生活中的真善美，体验到爱与被爱。（有了孩子之后，我才深刻地感受到，能够真正地不求回报地爱一个人，是多么幸福的一件事情。）

第三，在忍受不可避免的苦难时采取积极的态度去勇敢面对。面对苦难，永不放弃，战胜自我，本身就是一件非常有意义的事情。苦难让你的灵魂得到净化，而坚持能让你的人格得到洗礼。能够直面苦难，战胜苦难的人，最终必能涅槃重生，就像《肖申克的救赎》中的主人公一样，具有钢铁般的意志，凭借自己的毅力和智慧战胜种种挫折，这样的人无论成功或失败，都是值得别人尊敬的。

生活中的困苦艰难，无论大小与否，如果我们都能勇敢地去克服，不断去战胜自我，那么生活将会变得更加幸福和有意义。

人，除了物质的追求外，还得有一点精神上的追求，否则，

第七章　我为谁而活

人生就很容易陷入弗兰克尔所说的"存在（意义）之虚无"导致的精神空虚，抑郁、暴力、无聊、吸毒、颓废、自杀等消极倾向都是因为精神空虚和无意义感导致的。

人一旦找到了自己活着的意义，即使他承受巨大的痛苦，他也能化悲痛为力量，勇敢地坚持下去，在痛苦中他也会感受到幸福，因为他觉得他的人生是有价值的。

我高中时候的一个小学妹，大学刚毕业就不幸患上了尿毒症，但可怕的疾病并没有打倒她，每次透析的痛苦她都咬牙坚持下来，因为对文学的梦想以及对生活的热爱，她勇敢地笑对生活强加的巨大灾难。在医院的时候，她每天空闲的时间，就把自己患病后的点滴感悟记录成册，这是她能坚持下去的原因之一。因为病痛的折磨，她每次打字都很缓慢很缓慢，但她从没有放弃。功夫不负有心人，前不久她10余万字的自传著作得以成功出版，她的人生和我们相比，是不幸的，但她活得比我们大部分人都有价值。

人是否真正强大，是否真正幸福，很大程度是在于他的精神修养，在于是否找到了生命的意义并且知行合一，人若觉得活着有价值有意义，哪怕每天吃糠咽菜、身无片缕，他也是幸福的；否则，哪怕他天天朱门酒肉、美女相伴，也如同行尸走肉一般。

不过，人人都是以自我为中心的个体，每个人都有自己独特的价值观，每个人的想法也都不一样，生活中也并没有可以普适于每一个人的相同的生命意义。每个人都是独特的灵魂，需要自己去体味人生，思考探索并找到自己活着的意义。

没有谁比谁更高贵，所以人生意义没有最好的，只有最适合自己的。

在人生的意义上，没有灵丹妙药可以适用于它，每一个人都需要与众不同的药方子。所以，关于这方面的研究书籍很多，但是都是作者一家之言，于你并不完全契合。唯有自己才是自己的医生，而用心去感悟生活很重要，如同"望闻问切"一般，你只有先给自己把好脉，才能对症下药。

我们应该摆脱柏拉图式对生命意义的幻想，更应该脚踏实地，以真诚之心投入生活，以一颗善于发现的眼睛去感悟生活中的美好，美好的人、美好的物、美好的事，只有用心体味生活，才能最终收获生命的意义。

万事万物皆奇迹，你所拥有的一切也许一开始于你而言平淡无奇。但只要你善于感悟，平凡之中将会诞生美好，苦痛之中也蕴含价值。无论我们身处怎样的境地，哪怕是黑暗和无声，都要懂得满足，懂得随遇而安，懂得幸福喜悦藏于平凡之中。正如盲和聋的生命局限让海伦·凯勒有机会碰触到生命所蕴藏的万物之美一样。

在我们的整个人生中，我们必须也必然会经受很多的艰难和困苦，这是无法逃避的。承受痛苦也需要巨大勇气，你可以软弱，你也可以痛哭，你有时甚至会绝望，但只要你永不放弃，默默坚持下去，你终究会绽放出你的人生价值。

叔本华说过："人注定要徘徊在焦虑和厌倦两级。"

焦虑和厌倦的极致会带来存在之虚无，进而丧失生命的意义和价值。因此，真正对生命意义的探寻就是摆脱存在的虚无，以自己的真性情尽情投入生活、感悟生活、享受生活，哪怕因此千疮百孔，也不要放弃。

人的一生忧乐参半，忘记一分，就快乐一分。

对前尘往事、错误矛盾、名利权情不必过多挂怀。有时候忘

第七章　我为谁而活

却，才能真正开始。

体会痛苦，健康才有意义；看淡生死，活着才有价值。

无论你现在的生活状态如何，无论你高矮或胖瘦，无论健康或痛苦，无论贫困或富有，无论成功或失败，所有的你的一切都是有意义的。

在看不到任何希望、前途渺渺无期、满心只有创伤的时候，只要你能坚持"初心"，勇敢地走下去，你将会收获人生最宝贵的精神财富，你也必定会找到活着的价值。

草根逆袭记——学霸父母写给孩子的七条修炼法则

附注　健康过好每一天

最后，附上一份公认的最健康作息时间表，希望每个人都有健康的体魄：

7:00 起床

7：00，在太阳还没有晒到屁股前，迎着清晨的阳光起床。一杯温水是早起之后的必需品，它是最经济也是最有效的健康方式，能让你获得一天最好的开始。

7:20-8:00 吃早饭

你需要营养全面而丰富的早餐。俗话说，早吃好，午吃饱，晚吃少。一顿优质的早餐，能让你一整天都充满活力。很多年轻人有时候为了赶时间，早餐往往不吃或者囫囵吞枣，这是极不可取的。

早上是人体免疫系统最弱的时候，不要做剧烈的运动，走路上班或上学是很好的选择，健康又惬意，养生又环保。

上午，人脑最清醒犀利，是最容易迸发灵感的时刻，应该用来做最有难度的事。比如攻克工作的难题、撰写复杂的报告、背背功课、写一篇学术论文等，要充分利用好上午清醒的大脑。

一晃就 10：30 了，起来走动走动，活动下筋骨，眺望下远方，喝口热茶，问候下同事，做一做眼保健操，让眼睛得到舒缓，大脑得到放松。

上午工作得差不多了，该吃点水果了。上午是一天吃水果的最佳时机，因为上午人体最适合吸收水果里的营养。俗话说，一天一苹果，老汉赛小伙。

午餐要吃饱，中午应该补充足够的蛋白质，豆类食品是最佳选择。虽然是午饭，不干体力活但久坐办公室的人也不要吃得太油腻。

中午不午睡，一天都颓废。午饭后的时间很宝贵，最好用来小睡一觉。有的人喜欢在中午网上购物或者打激烈的游戏，这反而会让大脑处于过度紧张的状态，造成下午身体的疲惫。

午后是人思维最活跃的时间，非常适合做一些创意性的工作。想一想工作中的创新，即使是微小的改善，日积月累也会有巨大的成就。

16：00左右，有条件的话喝杯酸奶，能迅速补充身体流失的血糖。马上将要投入到一天里最密集的工作中了。

附注 健康过好每一天

16：00 到 19：00，身体和大脑都处于一天之中的巅峰状态，这时候我们应该做细致而密集的工作。做完这些别着急回家，花 10 分钟总结一下当天的工作：今天收获了哪些好创意，积累了哪些好经验，学习了什么新工具，验证了什么新想法……每天 10 分钟总结反思，每日省吾身，大器必早成！

下班之后稍微吃点东西，晚饭不要吃太多，三分饱即可。晚饭后稍微歇一会儿再开始运动。先散步，再慢跑，是非常健康的运动方式。

运动之后可以看看新闻，或打开你阅读计划中的书放松阅读。最好的选择还是在娱乐休闲中延绵不绝地思考，这样会碰撞出意想不到的火花。劳逸结合的精髓就是：休闲的时候还有一根弦在牵挂学习工作，稍有灵感迸发就立刻抓住。你可以准备一个便捷的小笔记本随身带着，随时记录你的灵感。好记性不如烂笔头！

草根逆袭记——学霸父母写给孩子的七条修炼法则

22:00 洗个热水澡

　　时间差不多就该洗个澡了，让身体彻底舒缓下来，洗去一天的疲惫。22：30，上床睡觉。23：00，人体的各个器官都开始处于休息期了，不要违背身体的自然规律，没有特别重要的事情，尽量不要去熬夜。放松睡一个好觉，明天又是美好的一天！

附注　健康过好每一天